101
ideas creativas para
GRUPOS
PEQUEÑOS

101

ideas creativas para

GRUPOS
PEQUEÑOS

editorial clie

David Merkh

EDITORIAL CLIE
C/ Ferrocarril, 8
08232 VILADECAVALLS
(Barcelona) ESPAÑA
E-mail: libros@clie.es
http://www.clie.es

101 IDEAS CREATIVAS PARA GRUPOS PEQUEÑOS
ISBN: 978-84-8267-846-7
Depósito Legal: B 6187-2015
MINISTERIOS CRISTIANOS
Recursos Pastorales
Referencia: 224853

DEDICATORIA

Dedicado a mi esposa Carol Sue,
compañera fiel,
idónea
y creativa.

PRESENTACIÓN

Es con 'orgullo santo' con que el Seminário Bíblico Palavra da Vida ofrece a la Iglesia evangélica *101 ideas creativas para grupos pequeños*. Estamos seguros de que este libro será muy útil para el fortalecimiento y la dinamización del ministerio de muchas personas activas en el servicio de sus iglesias locales.

Entre los que están involucrados hoy en el ministerio cristiano, hay más de 1500 exalumnos de este seminario. Damos las gracias a aquellos que estuvieron en el curso básico, licenciatura, especialización, maestría o curso de preparación de líderes, y que en el transcurso de los últimos 45 años contribuyeron en el desarrollo de muchas de estas 101 ideas creativas.

¡Que todos puedan aprovechar las sugerencias presentadas aquí y que este libro sea la primera de muchas herramientas prácticas y bíblicas ofrecida por el SBPV a la Iglesia evangélica!

En la gracia y en las garras del León

Carlos Osvaldo Pinto,
Decano, Seminário Bíblico Palavra da Vida

SOBRE EL AUTOR

David Merkh tiene un máster en Antiguo Testamento del Seminario Teológico de Dallas, en Estados Unidos, donde ha terminando su doctorado en educación cristiana (con énfasis en lo familiar). Desde su llegada al Brasil en 1987, David Merkh ha enseñado en el Seminário Bíblico Palavra da Vida y tiene un ministerio de exposición bíblica en la Primera Iglesia Bautista de Atibaia, São Paulo, Brasil.

CONTENIDO

JUEGOS
JUEGOS PARA GRUPOS PEQUEÑOS

JUEGOS PARA GRUPOS GRANDES

JUEGOS DE RELEVOS

JUEGOS DE ATENCIÓN

APÉNDICES

PREFACIO

La obra *101 ideas creativas para grupos pequeños* nació en medio de las carreras que en muchas ocasiones caracterizan el ministerio cristiano. Dios nos dio el privilegio de trabajar en los últimos 20 años con muchos grupos pequeños: adolescentes, jóvenes, células de la iglesia local, seminaristas y parejas jóvenes. E incluso a veces estuvimos involucrados en tres o más de estos grupos al mismo tiempo. No faltaron momentos en los que nos sentimos presionados por el tiempo, desesperados buscando ideas para planear una actividad más u otra reunión. Pero en lugar de ideas aparecía el pánico. Cuantas más actividades realizábamos, tanto más necesitábamos de algo diferente para motivar a los grupos, y sentíamos la necesidad de una fuente de ideas.

Llegó un día en el que no veíamos otra salida. Estábamos en una de esas filas interminables y para aprovechar el tiempo empezamos a anotar todas las ideas que recordábamos –actividades que conocíamos o que habíamos practicado con algún grupo–. Como fruto de aquella 'lluvia de ideas', conseguimos hacer una lista de casi 40 ideas.

Al comienzo nuestra motivación era esencialmente egoísta: ¡Supervivencia ministerial! Más tarde descubrimos que muchos de nuestros colegas y amigos involucrados en el liderazgo de grupos pequeños también necesitaban de un archivo de ideas. En ese momento nuestro archivo ya había crecido –incluía más de 500 ideas creativas– y sentimos el deseo de divulgarlo para el beneficio de otros líderes.

Queremos dar las gracias a todos los que de una u otra manera han contribuido a la compilación de este libro, a pesar de que es imposible hacer una lista de cada persona que nos trajo una nueva idea creativa. Damos las gracias de manera especial a nuestros padres, David y Mary-Ann Cox, cuyas vidas son fuentes activas de creatividad, y quienes nos enseñaron a ser más imaginativos. También damos las gracias a los compañeros del Seminário Bíblico Palavra da Vida, de Atibaia, Brasil, cuyo trabajo entregado inspira creatividad en los demás, y a los equipos que se dedicaron la composición de este libro.

Nuestra oración es para que este libro estimule la creatividad y la comunión en el cuerpo de Cristo. Que Dios pueda usarlo para el fortalecimiento de su Iglesia y para la expansión de su Reino.

David y Carol Sue Merkh

INTRODUCCIÓN

¡Ya se me acabó toda la creatividad! ¿Y ahora qué? ¿Cómo puedo crear un ambiente adecuado para el estudio bíblico? ¿Cómo puedo atraer a los no creyentes a la reunión?

Estas y otras preguntas similares preocupan al líder de los jóvenes, al pastor de adolescentes, al facilitador de un pequeño grupo, al coordinador del departamento de preadolescentes.

Todos tenemos potencial para ser creativos, incluso aquella persona que jura que no tiene ni siquiera una gota de creatividad. Como seres humanos, creados a imagen y semejanza del Dios CREADOR del universo, tenemos capacidad de crear. Lo que nos falta, muchas veces, son ideas para estimular la creatividad.

No siempre tenemos el concepto correcto de "creatividad". En contra de la opinión popular, creatividad no significa dar a la luz algo inédito.

> Como el sabio autor del Eclesiastés ya nos advirtió: "No hay nada nuevo debajo del sol" (Eclesiastés 1:9).

En cierta ocasión, uno de mis profesores afirmó que "la creatividad es al arte de esconder las fuentes". En cierta manera él tenía razón, pues mucho de lo que pasa por "creativo" en nuestros días es nada más que una combinación nueva de elementos ya existentes.

Escogimos definir la "creatividad" como el "arte de generar nuevas ideas a partir de conocimientos y experiencias previos". Este libro tiene la intención de ser una fuente de conocimientos y experiencias previos, con la esperanza de que el lector-usuario desarrolle sus propias ideas, adecuándolas al contexto de su grupo.

En este volumen de la colección "101 ideas creativas", decidimos incluir tres categorías principales de ideas: ROMPEHIELOS, PROGRAMAS SOCIALES y JUEGOS. Por medio de las ideas ROMPEHIELOS, las personas pueden conocerse mejor, los visitantes se pueden sentir a gusto y los viejos amigos pueden animarse unos a otros. Con las ideas PROGRAMAS SOCIALES, los miembros del cuerpo de Cristo pueden emplear tiempo, de calidad y en cantidad, en actividades sanas y edificantes. Y por medio de los JUEGOS pueden divertirse muchísimo.

> Jesús vino a darnos "vida en abundancia" (Juan 10:10b). ¡Personalmente pienso que el creyente no debe vivir como si lo hubieran bautizado en una 'limonada'!

No tenemos la intención de ofrecer una lista exhaustiva de ideas ROMPEHIELOS, PROGRAMAS SOCIALES y JUEGOS. Sería imposible hacerlo. Si embargo, damos algunas ideas que ya fueron probadas y que pueden estimular la creatividad de aquellos que tengan suficiente valor como para programar algo diferente para su próxima reunión de grupo.

¿Hay lugar para la creatividad en los grupos pequeños? Algunas razones nos llevan a pensar que el creyente en Jesucristo y, especialmente, el que está involucrado en el liderazgo de grupos pequeños dentro de la iglesia, debe ser creativo.

En primer lugar, necesitamos de la creatividad para combatir la mediocridad y el tradicionalismo, que fácilmente pueden controlar el ministerio cristiano. No podemos (ni debemos) competir con el mundo, pero tampoco debemos levantar la bandera blanca de la rendición, facilitando a Satanás y al mundo su tarea de desviar nuestra juventud de la verdadera Luz. No debe ser motivo de sorpresa y admiración el hecho de que tantos jóvenes estén huyendo de la iglesia mientras nos olvidamos de ofrecer algo atrayente para nuestra juventud.

En segundo lugar, las ideas creativas pueden generar un ambiente adecuado para el evangelismo, para una comunión más profunda y un estudio bíblico más relevante. Con ese propósito, incluimos en varias ideas la sección COMPARTIR, que quizá sea la contribución singular de este libro, pues ofrece sugerencias para devocionales y estudios bíblicos que pueden servir para hacer parte de la programación. Pero es importante destacar, también, que no incluimos esta sección solamente para intentar 'espiritualizar' las ideas; no se sienta obligado a usarla si no quiere: ¡Dios no se va a disgustar si su grupo decide tener una noche de juegos sin estudio bíblico!

DIEZ MANDAMIENTOS PARA DIRIGIR UNA ACTIVIDAD CREATIVA

Las ideas creativas que ofrecemos no son una fórmula mágica para resucitar un grupo muerto. No hay ningún poder en las ideas en sí. Pero, en general, ellas funcionan muy bien cuando se siguen algunas directrices:

❶ **Prepárese bien.** Cerciórese que el local sea el adecuado y que el material necesario esté disponible, de acuerdo a lo especificado para cada actividad. Lea con atención el procedimiento y estudie con anterioridad las reglas y/o principios de las ideas que pretende usar.

❷ **Ore** para que Dios use la actividad para Su gloria.

❸ **Divulgue** las actividades de su grupo con anterioridad y promueva sus ideas creativas. ¡Su entusiasmo será contagioso!

❹ **Adapte** las ideas a su realidad. En nuestra experiencia, la mayoría de las ideas reunidas aquí ha sido muy bien aprovechada con grupos pequeños (10 a 20 personas), desde preadolescentes hasta adultos. Algunas se aplican a grupos más grandes; otras deben ser utilizadas solamente con adultos o parejas. Sin embargo, lo que importa, es que usted las adapte a su realidad y sus necesidades. ¡No hay nada de sagrado en estas ideas! Cámbielas de acuerdo con la edad, el tamaño y las características de su grupo.

❺ **Sea un líder animado** al dirigir una actividad. Sin duda alguna, el líder es la clave de toda idea que tiene éxito. A veces, el programa más 'absurdo' alcanza buen éxito simplemente porque el líder contagió a los demás con su ánimo.

❻ **Tenga el valor** de probar nuevas ideas y buscar intereses. Todas las ideas que reunimos aquí fueron probadas y produjeron el efecto deseado. Sin embargo, no se desanime si alguien de su grupo no se interesa por el programa o no participa de un juego. Y no se olvide: usted nunca va a agradar a todos, especialmente en el trabajo con adolescentes.

❼ **SEA SENSIBLE** a las reacciones del grupo. No quiera romper las enseguida. Una cosa es ser insensible a las críticas injustas de una u otra persona, y la otra es no prestar atención al retorno que la mayor parte del grupo le está dando.

> Haga una evaluación después de cada actividad y verifique lo que funcionó bien, lo que podría haber sido mejorable y lo que no funcionó.

❽ **SEA JUSTO** en las reglas y en la premiación.

❾ **SEA FLEXIBLE** y no deje que el programa se vuelva agotador.

> ¡Es mejor terminar una actividad cuando todos aún piden más, que prolongarla hasta que todos estén diciendo que fue demasiado!

❿ **NO HAGA DEL PROGRAMA ALGO MÁS IMPORTANTE QUE LAS PERSONAS.** El programa existe en función de las personas y no al contrario. Si una actividad despierta una nueva necesidad en el grupo o crea un ambiente propicio para la enseñanza inmediata de una verdad cristiana, no dude en interrumpirla: ¡Usted acaba de alcanzar su mayor propósito!

Y POR ÚLTIMO... Las ideas creativas no son el 'frijol con arroz' de un ministerio con grupos pequeños. Si usted intenta construir su ministerio basado en programas sociales, cada uno mejor y más grande que el anterior, al final se va a cansar y aún no habrá conseguido mantener al grupo entero. Si su meta es competir con el mundo, usted saldrá perdiendo por goleada. Sin embargo, si usted alimenta su ministerio con el 'frijol y el arroz' de los estudios bíblicos, el evangelismo, la alabanza y la comunión cristiana, y si usted usa ideas creativas para sazonar el programa, no habrá límites en lo que Dios puede hacer en su grupo.

ROMPEHIELOS

No existe nada peor que entrar en un lugar desconocido, sentarse al lado de personas extrañas y casi de golpe verse forzado a compartir sus pensamientos más profundos e íntimos. Y es justamente eso lo que sucede semanalmente en muchas clases de escuela dominical, en los encuentros de grupos pequeños o en las reuniones de jóvenes. Lo que muchas veces falta es una manera suave de romper el hielo que casi siempre existe cuando un nuevo grupo empieza sus actividades o cuando nuevos participantes se unen a un grupo que ya existe.

En el ciclo de la vida normal de un pequeño grupo, el ROMPE-HIELOS puede ser utilizado inicialmente en los primeros cuatro a cinco encuentros y, después, esporádicamente. Su propósito es simple: por medio del conocimiento mutuo, crear un ambiente 'seguro' para todos y propicio para el desarrollo de la comunión cristiana. En otras palabras, conocer y ser conocido.

Algunos ROMPEHIELOS no exigen mucha profundidad en el compartir y pueden ser usados desde el primer encuentro del grupo; otros, sin embargo, necesitan de un ambiente más familiar y son más eficaces cuando los participantes ya se conocen mejor. Pero todas estas ideas tienen algo en común: pueden ser usadas para 'descongelar' el grupo y promover una fraternidad calurosa y un ambiente donde el líder puede entregarse con facilidad a las necesidades de los participantes.

De acuerdo a lo que observamos, el desarrollo de algunas ideas incluye una sugerencia específica para un momento en el que se quiere compartir. Esto puede ser incluido o no en la reunión, a criterio del líder.

Nombre y 'apellido'

Procedimiento: Esta actividad es propia del primer encuentro del grupo. Reúna a los participantes en círculos y que empiecen dando su nombre seguido de un adjetivo que empiece con la primera letra del nombre y que de alguna manera describa su persona (por ejemplo: Fernando, feliz; Cristina, creativa; Bibiana, bonita, etc.). La persona de al lado repite el nombre y el 'apellido' del anterior y añade el suyo. La actividad continúa en el círculo con cada persona intentando recordar el nombre y el 'apellido' de los que le precedieron, para añadir el suyo a continuación.

Raíces

Material necesario: Bolígrafos, copia del material elaborado (raíces).

Procedimiento: Prepare una lista con aquello que describa las 'raíces' de los componentes del grupo y prepare una relación similar al ejemplo:

RAÍCES	
Tiene un escritor entre sus antepasados	_____
La familia llegó a este país antes de 1900	_____
El abuelo participó en la Segunda Guerra Mundial	_____
Tiene parientes en España	_____
El bisabuelo era pastor	_____

Cuando vaya a elaborar el material para su grupo, intente descubrir datos interesantes sobre las 'raíces' de cada persona. Si es posible, seleccione datos que sean conocidos por los otros participantes. Distribuya hojas y pida que consigan muchas firmas, identificando a las personas que tienen entre sus ancestros alguien que llene las características enumeradas. Dé un plazo y entonces verifique las respuestas en grupo. Entregue un premio a quien consiga el mayor número de firmas correctas.

Compartir: A pesar de poseer 'raíces' diferentes, somos parte de una misma familia, como hermanos en Cristo (Gálatas 3:26-29).

3 Falso o verdadero

Material necesario: Hojas de papel en blanco, lapiceros.

Procedimiento: Entréguele a cada persona una hoja de papel y un lapicero. Haga algunas preguntas de carácter personal, que deben ser respondidas correctamente por los integrantes del grupo. Cada participante debe escoger una de las preguntas y dar una respuesta falsa, pero que sea convincente para que los demás no se den cuenta. Cuando todos hayan terminado, cada persona debe leer sus respuestas en voz alta y el grupo debe decir cuáles son correctas y cuál es falsa. Pida que expliquen el porqué de su opinión para ver en qué grado conocen los demás a esa persona.

PREGUNTAS POSIBLES
➲ Persona famosa con la que le gustaría hablar.
➲ El susto más grande que tuvo en la vida.
➲ Deporte que más le gusta ver en la TV.
➲ Libro que más apreció en los últimos seis meses.
➲ Una 'broma' de la infancia.
➲ País o ciudad que más desea conocer.
➲ Tipo de música que prefiere oír cuando está solo.

Compartir: En la vida cristiana es necesario el discernimiento para poder diferenciar entre lo falso y lo verdadero (Mateo 7:15-16).

Mitad correcta

Material necesario: Figuras cortadas por la mitad (pueden ser páginas de revista).

Procedimiento: Distribuya entre los participantes pedazos de las figuras partidas por la mitad y pídales que encuentren a la persona que tiene la otra mitad. Intente seleccionar figuras cuya identificación no sea muy fácil, de manera que el grupo tenga que hacer algún esfuerzo para cumplir la actividad. Identificadas las parejas, reúna a los participantes en círculo.

Compartir: Conversen sobre el valor de la reciprocidad, e indiquen versículos bíblicos que muestren cómo nos completamos unos a otros. Oren en parejas.

 ## Figuras reveladoras

Material necesario: Revistas que se puedan recortar.

Procedimiento: Verifique que haya un número par de participantes y divida el grupo en parejas. Pida a cada participante que seleccione una o más figuras que representen algún aspecto de su vida y departa sobre eso con su pareja, entregándole las ilustraciones. Cuando todos estén listos, reúna al grupo en un círculo y dé la oportunidad a cada uno para que presente a su pareja, utilizando las figuras entregadas.

 ## Identidad secreta

Material necesario: Hojas de papel en blanco, lapiceros.

Procedimiento: Uno de los participantes debe salir de la sala. Teniendo en mente esa persona, los demás deben escoger una flor y un animal que expresen cualidades personales, y un instrumento musical que represente su participación en el grupo, como por ejemplo:

> **Orquídea** ⟶ es delicada y sensible.
> **Gacela** ⟶ es ágil y graciosa.
> **Violín** ⟶ solo, hace un buen espectáculo, pero también participa en perfecta armonía en el grupo.

Invite a la persona que salió para que regrese a la sala y lea las tres palabras escogidas: la flor, el animal y el instrumento. Permita que ella intente adivinar quién sugirió cada una de ellas y entonces pida que los autores de la descripción den una explicación.

Compartir: Unidad y diversidad son aspectos que andan de la mano en el pequeño grupo (1 Corintios 12:12ss; Romanos 12:4-8).

7 Red

Material necesario: Una madeja de piola (cuerda).

Procedimiento: Reúna al grupo en círculo y tenga en la mano una madeja de piola. Diríjase en dirección de uno de los participantes y ofrézcale una palabra de estímulo y pásele la madeja, agarrando la punta de la piola. La persona que recibió la madeja debe repetir la operación, entregando la madeja acompañada de una palabra de estímulo. Cerciórese de que la piola siempre está bien estirada entre una persona y la otra. Cuando todos hayan participado, estará formada la red de estímulo.

Variación: En vez de palabras de estímulo, el grupo puede compartir pedidos de oración y motivos de alabanza.

Compartir: El estímulo mutuo forma parte de la vida cristiana. En Hebreos 10:24, enfatice:

- ➲ Las dos acciones sugeridas: considerar y estimular.
- ➲ Los dos objetivos: estimularnos al amor y a las buenas obras.

En el cuerpo de Cristo la red de relaciones es preciosa para la práctica de la reciprocidad y de la oración de unos por los otros.

8   Recuerdos de infancia

Material necesario: Lapiceros, hojas de papel en blanco.

Procedimiento: Distribuya entre los participantes hojas de papel y lapiceros. Cada uno debe entrevistar a alguien y tomar los datos sobre su infancia:

> ● Juego predilecto.   ● El susto más grande.
>
> ● Un cumpleaños inolvidable.   ● El primer día de colegio.
>
> ● Una broma.   ● Una buena acción.

Oriente a los participantes para que entrevisten a alguien que no les sea muy conocido; que tengan cuidado y no escriban el nombre en la hoja. Al terminar el tiempo de las entrevistas, reúna las hojas y léalas una a una. El grupo debe adivinar de quién se habla. El primero que acierte, excluyendo al entrevistado y al entrevistador, gana un premio.

Compartir: La infancia es un período de gran importancia en la formación del carácter (Proverbios 22:6).

9   Prueba de conocimientos personales

Material necesario: Lápices y copias de la tabla elaborada.

Procedimiento: La prueba no se debe aplicar en la primera reunión del grupo. Dé a los participantes la oportunidad de convivir durante algún tiempo, para entonces probar cuánto se están conociendo los unos a los otros. Elabore una tabla para llenarla con 'conocimientos personales' relativos a los participantes en el grupo. Distribúyala entre los participantes. Cada persona debe intentar completar correctamente los datos sobre los demás. Cuantas más cosas incluya sobre aspectos diferentes más 'reveladora' será la actividad.

	NOMBRE	COLOR DE OJOS	PROFESIÓN	SUEÑO PARA EL FUTURO	LUGAR DE NACIMIENTO
1					
2					
3					
4					

No se permite conversar durante la prueba. Dé tiempo suficiente para que todos completen la tabla; entonces reúna al grupo en círculo. Cada persona debe informar de los datos al respecto para que los demás puedan ver si está todo en orden. Gana el que tenga menos errores.

Compartir: Conociéndonos los unos a los otros podemos participar de la vida común con más sabiduría: servir (Gálatas 5:13), soportar (Efesios 4:2); aconsejar (Colosense 3:16), amar (1 Tesalonicenses 3:12), acoger (Romanos 15:7), edificar (1 Tesalonicenses 5:11), estimular (Hebreos 10:24).

10 Si...

Material necesario: Lapiceros, copias de material que se va a usar.

Procedimiento: Aliste un cuestionario que contenga preguntas cuyas respuestas puedan poner en evidencia las diferencias de opinión entre los integrantes del grupo.

SI...
➲ Si... pudiese entrar en un túnel del tiempo, ¿en qué época le gustaría vivir?
➲ Si... pudiese ir a vivir a otra parte del mundo, ¿dónde iría?

- Si... ganara un millón de dólares, ¿cómo lo gastaría?
- Si... pudiera cambiar algo de sí mismo, ¿qué escogería?
- Si... pudiera cambiar algo en su iglesia, (colegio, curso, etc.), ¿qué cambiaría?
- Si... pudiera ser otra persona, ¿quién escogería ser?
- Si... pudiera tener respuesta para una cuestión difícil, ¿cuál escogería?

Distribuya las hojas y dé tiempo suficiente para que todos elaboren sus respuestas. Reúna al grupo, presente las preguntas una a una y dé la oportunidad a todos para que expresen su opinión y justifiquen lo que escogieron.

Compartir: Aproveche la ocasión para advertir al grupo sobre los valores en los cuales está basando lo que escoge. ¿Son valores coincidentes con los de Dios? Mediten sobre el significado de buscar el Reino de Dios en primer lugar (Mateo 6:33).

11   Palabras prohibidas

Material necesario: 1 caja de clips para papel.

Procedimiento: Entregue 6 o más clips a cada persona. Todos los participantes tienen como objetivo aumentar el número de clips que poseen. Durante cierto tiempo deben conversar entre sí, intentando conocerse unos a otros (actividades, familia, preferencias personales, etc.). Cada vez que alguien mencione las palabras "yo", "mío", "mía" debe entregar un clip a su interlocutor. Quien pierda todos los clips queda eliminado. Vence quien tenga el mayor número de clips cuando el tiempo se acabe.

Compartir: La naturaleza humana posee una tendencia egocéntrica que se hace evidente en los más diversos aspectos. En contraste, la Palabra de Dios nos exhorta a pensar en primer lugar en los otros (Filipenses 2:1-4).

12 Jardín zoológico

Material necesario: Tarjetas con nombres de animales. Use el nombre del mismo animal para cada 6 o más participantes, de acuerdo con el tamaño del grupo.

Procedimiento: Distribuya las tarjetas e informe a los participantes sobre cuántos animales hay de cada especie. Iniciada la partida, cada persona debe empezar a producir el sonido de su animal buscando sus 'parientes'. No se permite hablar: los animales apenas deben identificarse por sonidos o mímicas. Entregue premios a los grupos más rápidos o establezca una sanción para el último que se forme. También se puede evaluar la creatividad de los grupos al representar los diversos animales por medio de la mímica y los sonidos. Esta actividad se puede realizar para formar equipos para juegos y competencias o simplemente para mezclar a las personas varias veces durante el programa y permitir que establezcan un primer contacto.

13 Bingo

Material necesario: Nombres de los participantes listos en papeles para el sorteo, lapiceros, copias de la tabla ya preparada.

Procedimiento: Aliste una tabla de acuerdo al modelo. Entregue a cada participante una copia de la tabla donde debe recoger las 24 firmas, una en cada cuadrado. Dé la señal de inicio y explique a los participantes que deben conversar con la persona cuya firma están recogiendo, hasta que se dé una nueva señal.

TABLA PARA LAS FIRMAS				

Entre cada señal, se darán intervalos de unos 30 o más segundos, de acuerdo con el tiempo disponible. El objetivo es promover un primer contacto entre los integrantes del grupo. Después de la última señal, al completar las 24 firmas, todos deben sentarse. Empiece el sorteo de los nombres de los participantes. La persona que sea llamada debe colocarse de pie para ser identificada por los demás y poder dar algunos datos personales, como la procedencia, la profesión, etc. Todos los que recogieron la firma de aquella persona deben marcar una X en el cuadrado respectivo. El que primero consiga llenar cinco cuadrados alineados en forma horizontal, vertical o diagonal, recibe un premio.

14   Nudo humano

Procedimiento: Reúna al grupo en círculo, de pie. Todos deben cruzar los brazos y dar las manos. Sin soltar la mano el uno del otro, los participantes deben intentar deshacer el 'nudo', dentro de un tiempo establecido (10 a 15 minutos). Es necesario que todos trabajen juntos, en cooperación.

Compartir: Evalúe con el grupo la práctica de la reciprocidad y del liderazgo cristiano.

15 Correo creativo

Material necesario: Nombres de los integrantes del grupo listos para sorteo, tarjetas en blanco, material para dibujo, revistas viejas para recortar, tijeras y cola de pegar.

Procedimiento: Cada participante saca un nombre, se cerciora de que no sea el suyo y lo mantiene en secreto. Usando la creatividad, alista una tarjeta que exprese algo sobre aquella persona: una cualidad, una habilidad, etc. El grupo debe mantenerse esparcido por el salón mientras preparan las tarjetas. Al terminar el trabajo, la tarjeta debe ser enviada por 'correo' (una persona que hará las entregas). Al final, el grupo se reúne en círculo. Cada uno intenta adivinar quién es su corresponsal secreto que, cuando esté identificado, debe explicar el mensaje de la tarjeta.

Compartir: Las buenas palabras que edifican (Proverbios 12:15; Efesios 4:29-30; 1 Pedro 4:10-11).

16 ¿Quién habló de mí?

Material necesario: Lapiceros, copias del cuestionario elaborado, nombre de los componentes en papeles para sorteo.

Procedimiento: Haga un cuestionario similar al modelo siguiente. Cada participante debe elegir un papel y cerciorarse de que no contenga su nombre. Distribuya los cuestionarios y pida que respondan teniendo en cuenta a la otra persona, pero sin identificarse. Solamente debe aparecer en la hoja el nombre de la persona sorteada.

USTED VA A RESPONDER ALGUNAS PREGUNTAS SOBRE:

_____

(Nombre de la persona sorteada)

- ¿Sobre qué asunto le gustaría conversar con él/ella?
- ¿Cuál es el aspecto de su carácter que más admira?
- ¿Cuál es habilidad de él/ella que le gustaría tener?
- Si tuviera la oportunidad, ¿qué le pediría a él/ella que le enseñase?
- Si pudieran practicar juntos alguna actividad recreativa, ¿qué escogería hacer en su compañía?
- ¿Cuál es el versículo que describe el estilo de vida de él/ella?

Cuando todos terminen, recoja las hojas y entréguele a cada uno la hoja que tiene su nombre. Cada participante debe intentar adivinar quién lo describió.

Compartir: La lengua es un instrumento poderoso que puede ser usado de modo positivo para edificar o negativo para destruir (Santiago 4:11-12).

17   Una joya en la espalda

Material necesario: El nombre de cada participante del grupo escrito en una tarjeta, alfileres, tarjetas en blanco, lapiceros.

Procedimiento: Coloque en la espalda de cada participante una tarjeta con el nombre de otra persona. Cada uno debe intentar adivinar el nombre que está en su espalda. Por lo tanto, debe buscar a uno a uno los demás participantes y pedirle que le digan cualidades positivas de la persona cuyo nombre está en su espalda (se prefieren los aspectos de carácter frente a los físicos). Cada persona puede dar apenas una información y esta debe ser registrada en la tarjeta. Cuando haya terminado de recolectar las informaciones y haya descubierto el nombre de quien está en su espalda, la persona debe buscar la otra, confirmar sí es la persona correcta y entonces entregarle la tarjeta donde están anotadas las informaciones dadas por los demás.

Compartir: Somos joyas preciosas para Dios, "piedras vivas", con cualidades sin par y de mucho valor (1 Pedro 1:7; 2:4-5).

18 Cacería de autógrafos

Material necesario: Lapiceros, copias del material elaborado.

Procedimiento: Aliste aspectos característicos de los integrantes del grupo y aliste una relación parecida al ejemplo de abajo.

Aspectos característicos	
◗ Es el menor de la familia	_____
◗ Le gustar comer arroz	_____
◗ Ronca mientras duerme	_____
◗ No sabe nadar	_____
◗ Se 'defiende' en cuatro idiomas	_____
◗ Toca el violín	_____
◗ Ya vivió en 4 ciudades diferentes	_____
◗ Sabe cocinar	_____
◗ Ya viajó al exterior	_____
◗ No le gusta comer pizza	_____
◗ Ya vivió solo	_____
◗ Tiene 4 o más hermanos/hermanas	_____
◗ Los padres no son (país)	_____

Distribuya las hojas y pida a los participantes que busquen quien pueda firmar uno o más puntos, dentro de determinado plazo. Agotado el tiempo, verifique las respuestas en grupo para que todos las conozcan y dele premios a aquellos que consiguieron obtener firmas en todos los puntos.

Variación: Los puntos seleccionados pueden seguir un tema específico, como por ejemplo: hechos de la infancia, para el día del niño; vida escolar, para el comienzo de las clases; romance, para el día de los novios.

19   Deletreando

Material necesario: Lapiceros, hojas de papel en blanco, tarjetas grandes con las letras del alfabeto (aliste un gran número de tarjetas para las letras más utilizadas, como por ejemplo las vocales) y alfileres.

Procedimiento: Entregue a cada participante una hoja de papel en blanco, un lapicero y una letra del alfabeto, que debe ser colocada de modo bien visible en su ropa. Al dar la señal, cada uno va a intentar unirse a otros participantes con los que pueda formar una palabra. A una nueva señal, todos deben parar donde están. Evalúe las palabras formadas, cerciórese de que sean registradas por los participantes en sus hojas y dé inicio a una nueva ronda. Terminado el juego, vence quien tenga el número más grande de palabras registradas en su hoja.

Variación: Se puede tener un tipo de palabra diferente en cada ronda: animales, flores, palabras con determinado número de letras, etc.

20   Obra de arte

Material necesario: Nombres de los integrantes del grupo preparados en papeles para sorteo, plastilina (barro, arcilla u otro material artístico), lapiceros y tarjetas en blanco.

Procedimiento: Cada participante debe sortear un nombre, verificar que no sea el suyo y mantenerlo en secreto. Distribuya pequeños pedazos de plastilina, más o menos del tamaño de una naranja, y tarjetas que puedan ser usadas como base para las esculturas o para escribir pequeños mensajes. Cada persona debe modelar una obra de arte –un objeto o una figura que de algún modo exprese uno o más aspectos que se destacan en la vida del 'amigo secreto'–. Por ejemplo, se puede preparar una herramienta para quien tiene el don del servicio, un lapicero para quien se destaca como escritor, una caña de pescar para quien siempre está evangelizando. Cuando todos hayan terminado, el grupo se reúne en círculo.

Uno por uno, los participantes entregan sus obras de arte y explican lo que ellas quieren expresar.

Compartir: Somos obras de arte de Dios (Efesios 2:10). Termine con un momento de oración en grupo o en parejas, dándole gracias a Dios por estar modelando obras tan especiales, con aspectos singulares que pueden ser apreciados.

PROGRAMAS SOCIALES

Las opciones de diversión sanas que el mundo ofrece para el joven cristiano son muy limitadas e infelizmente en la iglesia la situación no siempre es la mejor. El mundo evangélico, con frecuencia, tiende a caer para uno de los dos extremos: ofrecer un programa altamente bíblico, pero totalmente irrelevante a las necesidades e intereses del joven, o promover un programa atrayente, pero sin base o autoridad bíblica. En el primer caso, cometemos el error casi que imperdonable de cansar a las personas con las Palabras Vivas de Dios; en el segundo, y quizá peor, nos volvemos payasos en un circo evangélico. Tal vez se rían en el momento del espectáculo, pero nadie sale profundamente marcado por aquello que vio y oyó.

Aquí ofrecemos 40 ideas creativas para actividades sociales, con la finalidad de facilitar un equilibrio entre lo social y lo bíblico en la vida del grupo. Eso no quiere decir necesariamente que hay una separación entre los dos; al contrario, defendemos la tesis de que la diversión es bíblica, agrada a Dios y puede ser instrumento para alcanzar el propósito mayor de transformación de vidas por el Espíritu Santo y por la Palabra de Dios.

Las ideas que presentamos tienden a ser programas completos, que incluso incluyen una comida. Cada programa está construido alrededor de un tema y en general vienen acompañados de sugerencias para devocionales. Una vez más resaltamos que no es necesario 'espiritualizar' la actividad para que sea edificante y saludable. Pero, de otro lado, sí el ambiente es propicio, ¿por qué no aprovecharlo para marcar algunas vidas con la Palabra de Dios?

Los PROGRAMAS SOCIALES son excelentes oportunidades para atraer y evangelizar a los no creyentes, mostrándoles que nosotros, los evangélicos, también sabemos divertirnos, y de manera edificante. Incluso son excelentes para promover más comunión e intimidad entre los integrantes del grupo y para facilitar la integración de los recién llegados, además de que sea posible aprovecharlos para promover intercambios con otros grupos similares.

Al escoger una idea para la próxima programación de su grupo, recuerde que es necesario adaptarla a su realidad. ¡Y tal vez, la mejor idea contenida en este libro sea aquella que usted mismo cree y añada al fin de este libro! Que su grupo se pueda divertir mucho y encuentre el equilibrio entre lo social y lo espiritual.

21   Noche de la verdad

Preparativos: Con anterioridad, entre en contacto con uno o más integrantes del grupo que hayan hecho algo divertido que no sea del conocimiento de los demás. Escriba el relato de la experiencia de aquella persona. La redacción debe ser cómica y estar llena de suspenso. Invite a los demás 'impostores' que deben participar del juego confirmando que han pasado por la misma experiencia. También consiga el material necesario para los demás juegos de la noche.

Evento: Reúna al grupo e invite las tres personas con las que entró en contacto (el protagonista de la experiencia y los dos impostores) para que se levanten y le cuenten al grupo en pocas palabras lo que hicieron. Por ejemplo, pueden decir: "Mi nombre es…, y cuando tenía siete años fui a Australia con mi abuelo". Es importante que los tres digan la frase, colocando sus nombres. Enseguida, lea el relato de la experiencia, contando detalles de cómo sucedió todo. Al terminar el relato, el grupo puede interrogar libremente a las tres personas para descubrir cuál de ellas es el verdadero protagonista de la aventura. Después de diez minutos de preguntas y respuestas, el grupo debe expresar su parecer en una votación. Mencione una a una las tres opciones y pida a los presentes que levanten la mano para indicar su preferencia. Pregunte a varias personas el porqué de su opción por uno o por el otro. Terminada la votación, invite al verdadero protagonista para que se identifique.

OTRAS ACTIVIDADES SUGERIDAS

○ Incite a que preparen con anticipación minidramas que desarrollen el tema de la reunión. Oriente a los integrantes del grupo para que intenten dramatizar situaciones cotidianas, que puedan ser discutidas después de las presentaciones.

○ Distribuya lapiceros y hojas de papel. Empiece una sentencia: "La verdad es…", y desafíe a cada uno a escribir lo que se le ocurra en ese momento. Las respuestas pueden ser divertidas o serias, y los participantes no tienen por qué firmar con sus nombres. Todos deben doblar el papel y entregarlo; el que no tenga nada que decir, puede entregar el papel en blanco. Lea las frases una a una y motive al grupo para que hagan comentarios y una evaluación bíblica del asunto. Escoja los más destacados de la noche: la respuesta más divertida, la más original, la más sabia, etc.

○ Distribuya lapiceros y hojas de papel. Narre un caso (real o elaborado por usted) e interrumpa en el momento en que el protagonista debe decidir entre decir o no la verdad. Pida a los participantes que completen la historia. Todos deben entregar sus hojas, pero no es necesario que se identifiquen. Lea las sugerencias presentadas y evalúe con el grupo la solución bíblica para el caso.

Compartir: Siempre debemos hablar la verdad y rechazar la mentira (Efesios 4:25).

22   Misión imposible

Preparativos: Elabore una "misión imposible" para que sea ejecutada por los integrantes de su grupo. Siga la sugerencia dada abajo, recordando incluir desafíos mayores y menores, y hasta tareas que usted considere que no se pueden realizar.

Evento: Divida al grupo en dos equipos y entréguele a cada uno de ellos la relación de tareas que deben completar dentro de un plazo establecido.

Misión imposible
Ustedes están partiendo para realizar una "misión imposible". Cumplan las tareas que se indican abajo; no tiene que ser necesariamente en el orden en que están. Mientras están involucrados en una de las actividades, no les cuenten a ningún extraño la razón de estar haciendo o pidiendo determinada cosa. Estén de regreso a las…, independientemente de haber completado la misión o no. El retraso implica la pérdida de puntos.
☉ Conseguir un certificado médico que declare que nadie del grupo tiene peste bubónica. ☉ Convencer a una persona a unirse al grupo para el resto de la noche, sin darle explicaciones sobre la "misión imposible" hasta que se disponga a acompañarlos. ☉ El equipo completo debe dar una vuelta alrededor de la manzana, bailando y aplaudiendo. ☉ Conseguir que una señora de la iglesia prepare una torta o *cupcakes* para la merienda del grupo.
El equipo que complete satisfactoriamente el mayor número de tareas será el vencedor. En caso de que lo juzgue necesario, consiga un juez para que acompañe a cada equipo y pueda verificar que las instrucciones se siguen.

Compartir: Nuestro Dios es un Dios de imposibles (Mateo 19:26; Marcos 9:23; Filipenses 4:13).

23 Huéspedes famosos

Preparativos: Divida al grupo en equipos. Entregue a los equipos, con anterioridad, una lista de personas (sin especificar nombres) a quien debe entrevistar, pedir el autógrafo e invitar para integrar el grupo durante la próxima programación. Cada autógrafo vale cinco puntos, cada entrevista grabada diez puntos y cada invitado presente quince puntos. Elabore la lista de personas de acuerdo al asunto que quiera destacar con el grupo. Por ejemplo, si están tratando de oportunidades de ministerio, puede pedir que localicen personas que están activas en los diferentes tipos de ministerio.

Lo mismo se puede hacer con relación a los deportes y las profesiones.

Evento: Reciba a los huéspedes. Cada equipo debe responsabilizarse por la presentación de sus invitados.

OTRAS ACTIVIDADES SUGERIDAS

○ Vean juntos una película sobre el tema tratado.
○ Promueva perfiles y/o un panel para que el grupo conozca más de cerca a los huéspedes.
○ Oigan durante el encuentro las entrevistas grabadas.

---

24 Noche de la nostalgia

Preparativos: Planee una noche del siglo XVIII, de los años 60 o de otro período, según sus preferencias. El grupo debe viajar en el tiempo, utilizando la música y la decoración para crear el ambiente adecuado y vistiéndose como en la época. Alquile películas antiguas.

Evento: Durante la programación, los saludos y las conversaciones deben seguir el estilo de la época.

OTRAS ACTIVIDADES SUGERIDAS

○ Organice un concurso de trajes.
○ Organice una pequeña prueba sobre hechos históricos o curiosos de la época escogida.
○ Invite a algunas personas para que hables de la historia de su familia, destacando cómo Dios ha actuado a lo largo de los años y, particularmente, en el período destacado por la programación.

Compartir: La actuación de Dios es constante a lo largo de la historia (Deuteronomio 6:4-9; Salmos 78:1-8; Hebreos 12:1-2).

25　Noche del periódico

Preparativos: Tenga disponibles revistas y periódicos viejos. Esta actividad puede realizarse para terminar una tarde en la que el grupo recogió revistas y periódicos viejos en la vecindad, para venderlos y poder ayudar a otros.

Evento: Dirija varios juegos, todos usando las revistas y los periódicos.

- A cada persona le debe tocar en suerte el nombre de otra y recibir una o más hojas de revista. Debe doblar, romper o arrugar el papel de manera que pueda expresar alguna característica de la persona en cuestión. Por ejemplo, se puede preparar un balón para alguien que le gusta jugar al baloncesto. Al terminar, emplee algunos momentos para compartir y dé la oportunidad para el intercambio de 'regalos'.

- ¡Valla de papel! (relevos). Divida al grupo en equipos y entréguele a cada persona dos hojas de periódico. Uno a uno, los integrantes de los equipos deben caminar hasta determinado objetivo y después volver al punto de partida, pisando siempre en el papel: pisan en la hoja de adelante con los dos pies, se vuelven y toman la hoja de atrás, la colocan adelante y se hacen hacia adelante repitiendo la operación. Gana el equipo que complete la actividad en el menor tiempo.

- Forme varios equipos que deben vestir a uno de sus integrantes con ropas de periódico. El personaje representado debe ser el mismo para todos los equipos (por ejemplo: una novia, un bombero, un personaje de una tira cómica, etc.). El equipo que consiga caracterizar de la mejor manera al personaje recibe un premio. De ser posible, los equipos deben trabajar en salas diferentes.

- Prepare una lista de ilustraciones que cada equipo debe 'cazar' en revistas: personas riéndose, una pareja de viejecitos, escena de un partido de baloncesto, una torta de cumpleaños, etc. Entregue la misma cantidad de revistas a cada equipo. El que complete primero la tarea es el vencedor.

● Divida el salón o patio en dos partes y levante una barrera con sillas, cuerdas, etc. Cada equipo se pone a un lado y recibe varios periódicos. Dada una señal, los equipos deben hacer bolas de periódico y lanzarlas de un lado al otro. Los equipos pueden defenderse, pero las bolas que caigan al piso no se pueden recoger. Pasados cinco minutos, el equipo que tenga menos bolas de papel en su campo es el ganador.

26 Inversiones

Preparativos: Aliste bolsas para el mercado de comestibles, pero que no sean productos de consumo inmediato: una cabeza de ajos, un pepino, un calabacín, canela en polvo, un cubo de fermento, una caja de gelatina sin color, etc. Todas las bolsas pueden contener las mismas cosas o cosas diferentes.

Evento: Divida al grupo en equipos y entregue una bolsa a cada equipo, explicándole que esa será su 'comida'. Los participantes deben salir y recorrer las casas de sus amigos y hacer cambios para mejorar la calidad de su comida. No está permitido que vayan a sus propias casas, y tampoco que realicen compras. Solamente se permite un cambio en cada casa. Establezca el horario de regreso. Cuando cada grupo esté de vuelta, debe anotar su comida: aquel que haya hecho la mejor 'inversión' recibe un premio.

Compartir: Conversen sobre la parábola de los talentos (Mateo 25:14-30):

● Talentos diferentes.
● Inversiones diferentes.
● Pero galardones iguales.

27   Rally

Preparativos: Verifique que en el grupo haya personas con licencia de conducción y también vehículos suficientes. Elabore la ruta que los equipos deben seguir y la relación de tareas que deben cumplir.

Evento: Divida al grupo en equipos de hasta cuatro personas. Cada equipo recibe las instrucciones y un mapa con el recorrido que debe seguir. Los equipos parten de puntos diferentes, pero completan el mismo recorrido. Todas las normas de tránsito deben obedecerse bajo pena de desclasificación. Es necesario que haya un juez en cada vehículo para verificar que se obedecen las normas y para cronometrar la actividad. Gana el equipo que complete el recorrido en menos tiempo (que debe ser registrado cuando el vehículo esté de regreso al punto de partida) y tenga el mayor número de respuestas correctas.

	GRAN RALLY
1	Sigan derecho hasta el segundo semáforo y giren a la izquierda. ¿Cuántos postes hay entre el primero y el segundo semáforo?
2	Continúen hasta el parque. ¿Cuántos tipos de juegos infantiles encontraron en el parque?
3	Ahora giren a la derecha y sigan adelante tres manzanas más. ¿Por cuántos puestos de periódicos pasaron?
4	Sigan hasta el semáforo y giren a la izquierda. Uno de ustedes debe ir al teléfono público de la esquina y llamar a la iglesia, identificando el equipo y confirmando su posición en el recorrido. Por teléfono recibirá la instrucción n.º 5, que debe ser anotada abajo.
5	_____
6	Ahora sigan hasta la plazoleta. ¿Cuál es el nombre de la farmacia que está entre el restaurante y la librería?
7	Saliendo del frente de la farmacia, volteen a la derecha y continúen durante dos manzanas. ¡PUNTO FINAL! Entreguen esta hoja con las anotaciones hechas durante el recorrido.

28 Maratón

Preparativos: La maratón busca conseguir recursos para el grupo. Planee actividades como lavar autos, cortar el césped, cuidar niños pequeños, recoger periódicos viejos, hacer jaleas o ejecutar otros servicios domésticos. El grupo puede ofrecer sus servicios a las familias de la iglesia o la vecindad. Es posible montar un esquema de relevos, donde todos participan de acuerdo con su disponibilidad.

Evento: Reúna al grupo antes del inicio de las actividades, para establecer objetivos y para la motivación mutua. Al fin del período de trabajo, sirva una merienda y propicie momentos de comunión.

Variación: Carrera de la Multiplicación: promueva una carrera (también puede ser de bicicleta) y oriente a cada participante para que consiga patrocinadores que contribuyan con determinada cantidad a cada 100 metros recorridos en el transcurso del evento. La duración de la carrera puede ser de 30 a 60 minutos.

Compartir: La perseverancia es una cualidad importante en la vida del cristiano (2 Timoteo 4:7; Hebreos 12:1-2).

29 Torneo de juegos

Preparativos: Organice un torneo con cuatro o más juegos de mesa diferentes. Elabore una tabla donde los participantes puedan verificar dónde y con quién van a competir durante cada período. Por ejemplo, para 20 personas tenemos:

Período	Juego 1	Juego 2	Juego 3	Juego 4
1	1,2,3,4,5	6,7,8,9,10	11,12,13,14,15	16,17,18,19,20
2	6,7,11,12,20	1,2,13,16,17	3,8,9,18,19	4,5,10,14,15
3	8,9,16,18,19	3,4,11,14,15	1,5,10,17,20	2,6,7,12,13
4	10,13,14,15,17	5,12,18,19,20	2,4,6,7,16	1,3,8,9,11

Evento: Distribuya tarjetas numeradas para que cada participante pueda identificar su localización por la tabla del torneo. Dada la señal de inicio, verifique que los juegos estén siendo realizados normalmente. En cada sala debe haber un responsable para anotar los resultados y atribuir puntos: 10 para el primer colocado, 5 para el segundo y 3 para el tercero. Los períodos pueden tener duración media de 15 minutos o más, de acuerdo con el tiempo que se dispone. Al final del torneo, vence la persona que tenga el mayor número de puntos.

30 Noche de juegos

Preparativos: Planee una secuencia de juegos y consiga el material necesario.

Evento: Divida al grupo en equipos y dirija las competencias. Atribuya puntos a los vencedores de cada actividad y entregue un trofeo al equipo campeón.

31 Cacería de sonidos

Preparativos: Consiga tantos mp3/mp4 cuantos sean los equipos en que el grupo se va a dividir para grabar. Elabore una relación de tareas que los equipos deben cumplir.

Evento: Divida al grupo en equipos y entregue a cada líder un mp3/mp4 y una copia de la relación de tareas, de acuerdo con el modelo sugerido. Es aconsejable que cada equipo salga acompañado de una persona que pueda verificar que las instrucciones sean seguidas, bajo pena de desclasificación.

CACERÍA DE SONIDOS

Usted está marchando a una cacería emocionante y 'ruidosa'. Su arma es un mp3/mp4 y el objetivo son los sonidos aquí relacionados. Antes de grabar cada uno de los sonidos, alguien del equipo debe comentar en voz clara la identidad del sonido. Todos los miembros del equipo deben estar presentes cuando los sonidos se estén grabando (no se permite subdividir el equipo para realizar las tareas en menos tiempo). Vuelvan en el plazo estipulado de… horas. En el caso de que lleguen más tarde, perderán un punto por cada 5 minutos de atraso.

- Frasco rompiéndose — (1 punto)
- Dos niños cantando "somos soldaditos" — (2 puntos)
- Perro ladrando — (3 puntos)
- Reloj tocando las 12 del mediodía —se puede colocar en la hora solicitada— — (2 puntos)
- Martillo golpeando una punta — (1 punto)
- Teléfono sonando — (2 puntos)
- Bomba reventando — (2 puntos)
- Señora de más de 50 años gritando — (3 puntos)
- Bebé llorando — (3 puntos)
- Moto acelerando — (2 puntos)
- Alguien del equipo tocando el piano — (2 puntos)
- Todos los integrantes del equipo cantando una canción creada por ustedes — (3 puntos)
- Fuegos artificiales explotando — (3 puntos)
- Tejido rompiéndose — (1 punto)
- "Yo te amo" hablado en varias lenguas — (1 punto para cada lengua)
- Persona con más de 6 años contando una broma — (3 puntos)
- Persona cantando música *country* — (2 puntos)

32 Día de los récords

Preparativos: Elabore un panel de récords para su grupo, y destaque varios 'eventos olímpicos'. Haga un póster atractivo y que se pueda guardar como recuerdo.

CATEGORÍA	MARCA	RECORDISTA
Personas que pueden andar juntas en una bicicleta.		
Bananos comidos en 5 minutos.		
Número de granos de frijol en una cuchara sopera.		
Tiempo para recorrer la 'pista' del templo al baño masculino.		

Evento: Dirija las 'pruebas deportivas' y anote los resultados en el póster. Fotografíe o guarde el póster para recordar el evento en el futuro.

Compartir: Verifiquen algunos de los récords que podemos encontrar en la Biblia:

RECORDISTA	EVENTO	PRINCIPIO BÍBLICO
Matusalén	Longevidad (Génesis 5:21-26)	Obediencia a los padres
Elías	'Maratón' (1 Reyes 18 y 19)	Dependencia de Dios
Sansón	Levantamiento de peso (Jueces 13 y 16)	Peligros de la sensualidad
David	Lucha libre (1 Samuel 17)	Confianza en Dios
Pablo	Sufrimiento (2 Corintios 11:16ss)	Pagar el precio

33 Búsqueda del tesoro

Preparativos: Elabore y esconda varias pistas en lugares diferentes de la casa, en el jardín, en los alrededores, etc. Cada pista debe traer informaciones para la localización de la siguiente. El tesoro puede ser una bolsa de dulces o algo que le interese al grupo. Planee los recorridos de manera que los equipos deban descifrar pistas iguales, pero en secuencias diferentes, para que no se den cuenta de en qué punto de la búsqueda está el adversario. Si lo prefiere, elabore pistas diferentes, pero con el mismo grado de dificultad. Identifique las pistas de cada grupo con colores diferentes.

Evento: Reúna a los participantes, divida en dos equipos y entregue a cada uno de ellos una hoja con las instrucciones iniciales.

BÚSQUEDA DEL TESORO
Para recibir su primera pista, sigan las siguientes instrucciones:
1 Lean todas las tareas relacionadas en esta hoja antes de empezar a realizar cualquiera de ellas.
2 Completen con: • Suma de las edades de los integrantes del equipo _____ • Lista de los nombres de los integrantes del equipo en orden alfabético _____ _____ _____ _____ _____ _____ _____ _____
3 Salgan al jardín y griten todos al tiempo: "¡Seremos los primeros!".
4 Si ustedes siguieron la primera instrucción, devuelvan de inmediato este papel y recibirán a cambio la primera pista.

Variación: Coloque alrededor de 20 objetos en varios lugares de la casa, en sitios visibles (los cajones o las puertas de los armarios no se pueden abrir). En cada objeto debe haber un número colgando. Cada persona recibe una lista de objetos y su meta es localizarlos y escribir el correspondiente número al lado del nombre del objeto de la lista, sin tocarlos y sin llamar la atención de los demás participantes, para no dar pistas de los objetos encontrados. Quien complete la tarea en menos tiempo es el vencedor.

> **Objetos que se pueden utilizar fácilmente:**
> clips de papel, un anillo, una hebilla, una pulsera, un alfiler de seguridad, una llave, una moneda, los cubiertos, un lápiz, etc.

Compartir: ¿Dónde está mi tesoro? (Mateo 6:19-21).

34 Olimpiadas

Preparativos: Elabore una secuencia de actividades que puedan ser practicadas al aire libre e involucren a todo un equipo (como en el caso de las carreras de relevos) o solamente a algunas personas. Defina el recorrido que los equipos deben seguir y consiga una persona para que cuide de la competición.

Evento: Divida el grupo en equipos y entréguele a los líderes una copia del recorrido, indicando la secuencia de las pruebas deportivas en que van a participar. Todos los equipos deben cumplir el mismo recorrido, pero parten de competencias diferentes para que lleguen, uno a uno, a los puestos de inicio de la competencia. En cada puesto, el responsable anota el nombre de la(s) persona(s) que participa(n) de esa actividad y los resultados obtenidos. Le corresponde al líder del equipo que cada uno contribuya en aquello que es más capaz.

OLIMPIADA		
(Equipo)		
COMPETENCIAS	PARTICIPANTES	RESULTADOS-PUNTOS
1 Tiro al blanco		Tiros
2 Carrera en costales	Equipo completo	Minutos
3 Cesta de basquetbol		Cestas
4 Carrera de obstáculos	Equipo completo	Minutos
5 ¡Gol!		Goles
6 Relevos clásico	Equipo completo	Minutos
7 Atravesar la piscina		Minutos
8 Lanzamientos		Metros
9 Salto en distancia		Metros
10 Relevo en bicicleta		Minutos

Al terminar, por pruebas deportivas, atribuya un número de puntos a los equipos según su clasificación en el cuadro general y haga un homenaje al vencedor.

Compartir: 4 estrategias para vencer la 'olimpiada cristiana' (Hebreos 12:1-2):

➲ Recordar a los antepasados.
➲ Correr con perseverancia.
➲ Quitar todo el peso.
➲ Mirar siempre hacia Jesús.

35 **Rotación**

Preparativos: Planee con su grupo una noche (o tarde) de juegos. Pida a los participantes que traigan diferentes juegos de mesa o consiga juegos prestados. Divida al grupo en equipos y divida a los integrantes de cada equipo en parejas. Verifique que los juegos sean adecuados para cuatro jugadores.

Evento: Disponga varias mesitas en círculo, cada una con un juego diferente y con sitio para cuatro jugadores. Si no dispone de mesas, los jugadores pueden sentarse en el piso. Los equipos deben tomar sus lugares de manera que formen un círculo externo (equipo A) y un círculo interno (equipo B). Las parejas juegan en una mesa durante 10 minutos, hasta que se dé una señal. Entonces todos rotarán hacia su derecha (cada pareja va a un nuevo juego, con nueva pareja adversaria) y continuarán en el juego a partir del punto donde los compañeros de equipo lo dejaron. Anote los resultados en el caso de los juegos que vayan terminando, atribuya puntos al equipo de la pareja que venció y asegúrese de que hayan empezado nuevos juegos. La actividad continúa hasta que todas las parejas hayan participado en todos los juegos. Gana el equipo que haya conseguido más puntos.

Compartir: La vida cristiana no se gana de una vez, sino 'batalla a batalla', día a día, aunque haya eventuales derrotas. El buen éxito exige interdependencia (Eclesiastés 4:9-10), perseverancia (Hebreos 10:35-39) y fe (1 Juan 5:4). En Cristo Jesús la victoria final está garantizada (1 Corintios 15:54-57).

36   Cena progresiva

Preparativos: Planee una cena en varias casas, sirviendo una parte de la cena en cada una de esas casas (entrada, ensalada, plato principal, postre, bebida caliente). Puede ser una buena oportunidad para que los integrantes del grupo conozcan algunas familias de la iglesia.

Evento: Reúna a los participantes y hagan juntos el recorrido de la cena. En cada casa, además de la parte de la cena, involucre a los participantes en alguna actividad: juegos, 'perfil' de la familia que recibe (compartir, alabanza, etc.).

Variaciones: El propio grupo debe descubrir el guión que se seguirá al descifrar pistas que lo lleven de una casa a la otra. En cada casa debe haber una nueva pista. ¡La motivación para descifrar las pistas será sin duda grande!

> **RECOMENDACIÓN:**
> Si el grupo es muy grande, divida a los participantes en varios grupos pequeños (6 a 10 personas). Cada uno de esos grupos empezará la cena en una casa diferente. En este caso, en cada residencia tiene que haber una cena completa en cantidad suficiente para el número de integrantes de los grupos pequeños. Cada grupo que llegue a aquella casa, tomará una de las partes de la cena.

Compartir: La peregrinación y el progreso son característicos de la vida cristiana:

- El cristiano es ciudadano de los cielos (Filipenses 3:20; Hebreos 11:16).
- El cristiano es peregrino en la tierra (Hebreos 11:8-10; 12:16).
- El cristiano progresa durante el camino en la tierra (Filipenses 3:12-14).

37 Cena misteriosa

Preparativos: Anote una cena cuyo menú contenga 16 elementos diferentes, con nombres misteriosos, incluyendo los platos principales, postres, cubiertos, vasos, etc.

	MENÚ MISTERIOSO		MENÚ CLAVE
A	1 Recogedor de basura 2 Tridente 3 Serrucho 4 Bigote de gato	A	1 Cuchara para postre 2 Tenedor 3 Cuchillo 4 Palillo de dientes
B	1 Ala de mosca 2 Pata de araña frita 3 Mosca tostada 4 Pulga a la milanesa	B	1 Servilleta 2 Aperitivo con palillo 3 Fresa 4 Papa
C	1 Cucarrón asado 2 Nido de culebras 3 Lagartija ensopada 4 Cáscara de cucaracha crocante	C	1 Carne 2 Vaso 3 Salsa 4 Galleta
D	1 Ortiga 2 Piojo asado 3 Entrañas de culebra congeladas 4 Veneno de escorpión	D	1 Ensalada 2 Pan 3 Helado 4 Jugo

Evento: Divida los participantes en cuatro grupos, que ocuparán mesas separadas. Cada grupo recibe un "menú misterioso" y una hoja para hacer su pedido. Los 16 ofrecimientos se deben servir para cada grupo en cuatro rondas (cuatro cosas por ronda), en el orden en que sean pedidos.

CENA MISTERIOSA
Anote abajo las cosas que quieren recibir en cada rotación. Verifiquen que escogieron cada cosa una sola vez y que cada ronda incluye elementos de los cuatro grupos (A, B, C y D).

Primera ronda	Tercera ronda
A _____	A _____
B _____	B _____
C _____	C _____
D _____	D _____
Segunda ronda	**Cuarta ronda**
A _____	A _____
B _____	B _____
C _____	C _____
D _____	D _____

Recoja los pedidos y sirva la primera ronda. Usando el menú clave, se puede identificar lo que hay que servir en cada mesa en las diversas rondas. ¡Será divertido ver el orden en el que los grupos comen! Tenga mucho cuidado para que los huéspedes no vean el menú clave y descubran el mejor orden para pedir la comida. Para recibir una nueva ronda es necesario que el grupo haya consumido lo comestible de la ronda anterior, excepto en el caso del jugo, que lo pueden guardar hasta el final. Es interesante que haya un equipo de meseros(as) sirviendo.

> **OTRAS ACTIVIDADES:** Incluya en su programa juegos con el tema 'misterio' (véase la idea 41, Noche de misterio).

Compartir: El misterio de nuestra salvación (Efesios 2:1-9; 3:1-6).

38 Noche de la pizza

Preparativos: Consiga bases de masa para pizza.

Evento: Divida los participantes en equipos de hasta cuatro personas y entregue una base de masa para pizza a cada equipo. Todos deben salir a buscar ingredientes (tomate, queso, etc.) para preparar sus pizzas. Pueden llamar a la casa de los amigos, pero no está permitido comprar ingredientes o ir a sus propias casas. De cada casa solo se puede recibir un ingrediente. Agotado el plazo establecido, los equipos deben regresar, preparar las pizzas y ponerlas a hornear. Un juez debe evaluar la pizza más rica, la más bonita, la que tenga más ingredientes, etc.

Compartir: Siempre podemos recurrir al Señor para que supla nuestras necesidades, pidiendo, llamando, rogando (Mateo 7:7-11).

39 Noche de sándwiches

Preparativos: Consiga pan y varios ingredientes para preparar sándwiches, separados en porciones individuales. Salsas, margarina y otros condimentos pueden ser de uso común. También consiga el material necesario para los juegos.

Evento: Cada participante recibe su *kit* para preparar el sándwich y debe intentar ser lo más creativo posible. Cada uno debe dar un nombre a su sándwich y crear un eslogan y un póster promocional. Forme una comisión para juzgar el sándwich más original, el más bonito y la mejor promoción. Sirva jugo o gaseosas para acompañar. Después de la merienda, disponga algunos juegos.

Compartir: El Dios creador nos hizo creativos (Génesis 1:31a).

40 Relevo de helado

Preparativos: Compre dos potes de tantos sabores de helado como sea posible. No olvide llevar un recipiente aislante con hielo para que el helado no se derrita; prepare una lista con los sabores de los helados y haga una copia para cada participante.

Evento: Coloque por sabores los diferentes helados en recipientes numerados, alrededor de una mesa. Dele a cada persona una cuchara, un vaso y una copia con la relación de los sabores de los helados. Todos deben servirse una cucharada de cada sabor, probar para intentar identificarlo y escribir el número del recipiente al lado del respectivo nombre del helado que consta en la lista. Se aconseja que los participantes se familiaricen con la lista de sabores antes de empezar a probarlos, pues solamente podrán probar una única vez y en poca cantidad.

RELEVO DE HELADO			
SABOR	NÚMERO	SABOR	NÚMERO
Leche condensada	_____	Fresa	_____
Vainilla	_____	Mora	_____
Ciruela	_____	Maracuyá	_____
Durazno	_____	Mango	_____
Coco	_____	Nueces	_____
Menta	_____	Crocante	_____
Piña	_____	Chocolate	_____
Limón	_____	Pistacho	_____

Establezca un tiempo límite para la actividad y recoja las hojas. Dele un premio al que tenga el mayor número de respuestas correctas. Concluido el juego, sirva el helado que haya sobrado, acompañado de galletas o bizcocho. Permita que el ganador tenga preferencia al escoger el sabor que desea probar, seguido por el segundo y así sucesivamente. Después, promueva otros juegos y competencias.

Compartir: El 'sabor' de la Palabra de Dios:

◉ Es más dulce que la miel   (Salmos 19:9-10; 119:103; Jeremías 15:16).

◉ Nos llena más que el agua   (Juan 4:10-14).

◉ Alimenta más que el pan   (Deuteronomio 8:3; Mateo 4:4).

41   Noche de misterio

Preparativos: Elabore y distribuya con anticipación invitaciones pidiendo que cada uno traiga una bolsa de papel (de preferencia las que no tengan identificación externa) que contenga: dos sándwiches, un postre y una pista que ayude a descubrir su identidad. Consiga música que proporcione un ambiente de 'misterio y el material necesario para los juegos que programe.

Evento: A la llegada, cada persona debe dejar la bolsa de comida junto a la entrada, en un lugar preestablecido. Reúna, mezcle y distribuya las bolsas en el momento de la merienda, al sonido de una música que cree ambiente de misterio. Cada participante debe intentar descubrir la identidad de quién preparó su comida. Entregue premios a quien consiga acertar al primer intento. Antes y después de la comida, organice juegos con el tema 'misterio' y, si lo juzga oportuno, termine con un 'destino desconocido'.

JUEGOS SUGERIDOS
DETECTIVE: El grupo se sienta en círculo y todos reciben un pedazo de papel en blanco, doblado. Uno de los papeles está marcado con una ✗ y quien lo recibe es el asesino –que no debe identificarse, pero que empieza a matar a los demás con guiños de ojos, procurando que no lo vean–. La persona que recibe un guiño debe esperar algunos segundos y morir, haciendo una gran representación. Cuando alguien consiga identificar al asesino, lo podrá denunciar. Si se equivoca, muere y el juego continúa. Si acierta, gana un premio y el juego empieza nuevamente, con nueva distribución de los papeles.
ENIGMAS: Escoja un tema; por ejemplo, personajes de la Biblia. Divida al grupo en tres o más equipos, que deben preparar cuatro enigmas cada uno –adivinanzas o dramatizaciones–. Sortee el grupo que debe empezar con las presentaciones. El primer grupo que adivine correctamente gana un punto y el derecho de presentar el próximo enigma. Gana el grupo que al final alcance más puntos.
CACERÍA ENIGMÁTICA: Divida el grupo en equipos. Cada equipo debe ir a buscar una adivinanza escondida en algún lugar de la casa, que cuando esté descifrada dará el derecho a un premio. Los equipos deben recibir pistas que conduzcan por caminos diferentes hasta el local donde está la adivinanza final, común a los dos, y que indiquen sutilmente dónde encontrar la siguiente. Quien llegue primero a la adivinanza final tendrá el derecho de resolverla. Si, se equivoca, este derecho pasa al otro equipo.

Compartir: Conversen sobre algunos de los misterios mencionados en la Palabra de Dios:

- ● El misterio del nuevo nacimiento (Juan 3:8).
- ● El misterio de la vida futura (1 Corintios 13:12; 15:51).
- ● El misterio de los caminos de Dios (Is 55:8-9; Romanos 11:33).

42   Noche de la papa

Preparativos: Invite al grupo para la programación y establezca como entrada para cada participante un tipo de salsa o cobertura para las papas. Cocine con anticipación las papas en número suficiente para la comida del grupo. Prepare el material necesario para los juegos.

Evento: En el momento de la comida, lleve a la mesa las papas y varios ingredientes, como salsas, jamón, queso, huevos cocinados, champiñones, y otros. Cada persona debe preparar su papa. Establezca una comisión para juzgar la papa más 'creativa'. Antes y después de la comida, dirija juegos que tengan como tema la 'papa'.

JUEGOS SUGERIDOS

ASOCIACIONES: Compre papas fritas de diferentes marcas. Coloque cada marca en un recipiente numerado y desafíe los participantes a que descubran la marca correcta de cada recipiente. Distribuya hojas con la relación de las marcas y deje que cada persona pruebe cuatro papas de cada recipiente (cantidad orientativa, pues dependerá del tamaño del grupo), pidiendo que asocien el número del recipiente al nombre de la marca. Recoja las hojas y proceda a la verificación de las respuestas. Gana quien acierte el mayor número de marcas.

RELEVOS: Divida al grupo en dos equipos. Cada participante debe correr hasta un punto límite llevando una papa sobre un tenedor (¡sin pincharla!) y volver al punto de inicio. El juego continúa en esquema de relevos hasta que todo el equipo haya participado. Gana el equipo que lo complete en menos tiempo.

PAPA CALIENTE: Reúna al grupo en un gran círculo y entregue a los participantes una o más papas (de acuerdo al tamaño del grupo) que serán lanzadas de una persona a otra, al sonido de la música. Sin previo aviso apague de la música y quién esté en ese momento con una papa en las manos debe salir del juego. Continúe hasta que solo quede una persona.

Variación: Se puede pedir a los participantes que contribuyan con papas y entonces establecer una comisión para juzgar la papa más bonita, la más fea, la pequeña, la grande, la que tenga la forma más divertida, etc.

43 Noche al revés

Preparativos: Confeccione invitaciones escribiéndolas de atrás para adelante. Los participantes deben estar vestidos con ropas del revés. Prepare el material necesario para los juegos.

Evento: Cada actividad de la noche debe ser conducida en orden inverso. A la llegada, reciba a los participantes por la puerta de atrás y recuerde saludar diciendo "adiós". Cuando salgan, deles la bienvenida y presénteles visitantes ocasionales. El conteo de los puntos de los juegos debe ser regresivo, es decir, se parte de cero y se pierden puntos al ganar un juego. Los avisos e instrucciones los da una persona colocada de espaldas a los participantes. La comida se debe servir en orden inverso, empezando por el postre.

Variación: Disponga una cena progresiva, empezando por el postre. Los participantes deben andar hacia atrás.

Compartir: En nuestras vidas corremos el peligro de establecer prioridades invertidas (Hageo 1; Marcos 8:35-37).

44 Raíces

Preparativos: El encuentro tiene como finalidad que los participantes muestren sus 'raíces'. Cada uno debe traer un postre o un plato que sea típico del país o estado (departamento, provincia, etc.) de donde proviene su familia. También debe traer un 'tesoro de la familia' (un recuerdo, una foto u otra cosa que 'conecte' con sus raíces) y una curiosidad (un juego típico o un hecho curioso del sitio de origen). También pida fotos del lugar de origen y una corta descripción con énfasis misionero: población, lengua, religión, difusión del cristianismo, misiones, misioneros y desafíos misioneros.

Evento: Aliste una mesa con los platos típicos, identificándolos por el nombre y el lugar de origen. Sirva pequeñas porciones para que todos tengan la oportunidad de probarlo. Después de la merienda, el grupo debe reunirse y cada persona puede mostrar el 'tesoro de la familia, presentar la curiosidad y hablar sobre su país de origen.

Compartir: Conversen sobre los desafíos misioneros y la necesidad de llevar el Evangelio a toda tribu, lengua, pueblo y nación (Apocalipsis 5:9-12).

○ Las raíces de Jesús (Mateo 1:1-17; Lucas 3:23-28).

45 Celebración de la amistad

Preparativos: Promueva este encuentro con mucha anticipación. El propio grupo puede confeccionar las invitaciones, que habrá que distribuir. Incentive a los integrantes del grupo para que inviten a sus mejores amigos, de diferentes lugares, edades, etc. Programe actividades, como el día de los helados, o proyecte películas.

Evento: Dé una atención especial a la recepción y presentación de los visitantes. Otorgue premios a quien traiga:

○ Más amigos.
○ El amigo más antiguo.
○ El amigo que vino de más lejos.
○ El amigo de más edad.
○ El amigo más joven.
○ El amigo más parecido a quien lo invitó.

Compartir: La Biblia menciona en el libro de los Proverbios varias características de un buen amigo. Destaque algunas:

- Sabiduría al hablar y en el oír (Proverbios 15:1; 18:13; 22:11; 25:11).
- Constancia y fidelidad (Proverbios 17:17; 18:23; 27:10).
- Valor para decir la verdad (Proverbios 27:5; 28:23; 29:5).
- Sabiduría en la consejería (Proverbios 27:9; 27:17).
- Sensibilidad y respeto (Proverbios 25:17; 25:20; 26:18-19).
- Lealtad (Proverbios 11:9; 11:13; 20:6; 24:28; 25:8-9.18).

46 · ¡Esta es su vida!

Preparativos: Esta programación tiene como finalidad homenajear a alguien que no pertenezca al grupo, pero que haya contribuido de alguna manera con él. También puede ser planeada como una despedida cuando alguien del grupo se vaya a ir. Prepare un álbum de recuerdos, pida a cada uno que contribuya con fotos, notas, etc. Invite a personas que puedan dar testimonio sobre la influencia del homenajeado en sus vidas. Si es posible, invite a amigos y parientes que puedan contar detalles de la vida de la persona, desde la infancia. Elabore un 'perfil' (véase página 107).

Evento: Conduzca la reunión de manera que la persona homenajeada pueda sentirse especial para el grupo. Al terminar, entregue el álbum de recuerdos.

Variación: Si no puede preparar el álbum, doble por la mitad una hoja de cartulina de manera que forme una 'tarjeta gigante' y dé la oportunidad a todos los presentes de que escriban, dibujen, etc. Entregue esto al homenajeado al final de la reunión.

Compartir: Cristo hace diferencia en nuestras vidas (Efesios 2:1-16).

47 · Cumpleaños una vez al año

Preparativos: Invite al grupo para una fiesta de cumpleaños, manteniendo en secreto el nombre de quien cumple años. Quizá quiera pedir a cada participante que traiga algo de comer y beber.

Decore la sala y consiga el material de acuerdo con las actividades que planee.

Evento: Una buena manera de prestigiar el cumpleaños de cada persona en un único y gran evento anual es premiar a la persona más joven, la más anciana, la que cumplió años en un festivo, la que nació más lejos de donde vive en la actualidad, la que cumplió años en la fecha más reciente; y aún otros aspectos destacados de acuerdo con su grupo, de manera que nadie sea olvidado. ¡Será una sorpresa para todos! Divida al grupo en equipos y consiga tortas para decorar. Dele un premio al equipo más creativo. Dependiendo del tamaño del grupo, puede haber una torta para cada mes del año, para cada semestre o para cada estación. Entre las actividades de la noche, planee juegos que normalmente serán usados en cumpleaños infantiles (ensalada de frutas, teléfono inalámbrico, detective, etc.). ¡Todos se divertirán! Consiga que cada participante saque por sorteo el nombre de otros y aliste, con el material dado, una tarjeta de cumpleaños simple, pero que destaque una característica de la persona y traiga una palabra de ánimo. Antes del término de la reunión debe haber intercambio de tarjetas y la oportunidad para que todos se saluden.

Compartir: Aproveche la oportunidad para también celebrar el 'segundo nacimiento' de aquellos que están presentes. Algunos pueden compartir sus testimonios de conversión. Mediten en el texto de Juan 3:1-21: el nuevo nacimiento de Nicodemo.

48 Fiesta en la piscina

Preparativos: La programación puede durar todo el día o una tarde. Dependiendo de la duración, planee un picnic, competencias al aire libre y en la piscina, juegos diversos.

Evento: Haga variación de las actividades, alternando juegos, competencias deportivas y 'tiempo libre'.

Juegos en la piscina

- Divida al grupo en equipos y consiga una vela y una caja de fósforos para cada uno de ellos. El desafío consiste en llevar la vela encendida de un lado al otro de la piscina. La vela debe permanecer encendida durante todo el trayecto y si se apaga, es necesario que sea prendida de nuevo antes de continuar. Cada equipo puede tener hasta tres personas en la piscina durante el juego.
- Consiga una canoa o barco de inflar. Dos personas deben ocuparlo, una en cada extremidad, y remar con las manos en direcciones opuestas. ¡Gana el que llegue al otro lado!
- Amarre una cuerda dividiendo la piscina por la mitad. Coloque muchas bolas en el agua, tantas en un lado como en el otro. Cada equipo queda a un lado de la piscina e intenta lanzar las bolas para el campo adversario. Dada la señal, todos paran donde están y gana el equipo que esté con menos bolas en su campo.
- Los equipos deben conducir de un lado al otro de la piscina una pelota u otro objeto que flote, empujándolo con la cabeza solamente. Es prohibido tocar con otra parte del cuerpo la pelota. El juego sigue el esquema de relevos y gana el equipo cuyos participantes terminen en menos tiempo.

Variación: Para comida, planee una 'cacería al picnic'. Esconda los elementos de la comida en locales cercanos a la piscina y dé pistas para encontrarlos.

49 Fiesta tropical

Preparativos: El local debe recibir decoración de acuerdo con el tema, utilizando papel crepé, plantas, fotos (las agencias de turismo pueden proporcionar un buen material). Avise a los participantes para que se vistan con ropas con flores y collares típicos.

Evento: Dirija juegos y sirva una cena incluyendo muchas ensaladas y frutas tropicales.

Compartir: Simule un naufragio en una isla tropical. Todos deben dejar el barco y cargar consigo solamente tres cosas. ¿Qué escogerían? Conversen sobre el valor de las prioridades adecuadas (Mateo 6:33; Marcos 8:35-37).

50 Coronación

Preparativos: Confeccione con cartulina una corona y un cetro, y consiga un pedazo de tela que pueda servir de manto.

Evento: Durante la reunión, cada integrante del grupo tiene la oportunidad de ser tanto rey o reina, así como esclavo. El objetivo es que todos aprendan a servir y a ser servidos. Uno a su vez, los participantes se sientan en el trono (una poltrona debidamente decorada) y reciben la corona, el cetro y el manto real. El rey o reina que está en el trono sortea el nombre de un esclavo y le da una tarea que pueda cumplir en una hora máximo de trabajo, durante la reunión o en el transcurso de la semana siguiente (puede ser una tarea en beneficio personal del 'rey', del grupo, de la iglesia, etc.). Cada siervo también debe servir la cena del rey esa noche.

Compartir: La amistad cristiana nos coloca en la posición de servir y también de ser servidos (Filipenses 2:4; 1 Pedro 4:10). Podemos destacar:

- Dos cosas que nos impiden: el orgullo y el egoísmo.
- Dos virtudes: la gratitud por ser servido y el estar listo a servir.

51 Cómo es bueno ser niño

Preparativos: Planee todo con anterioridad de manera que los participantes puedan venir disfrazados. Cada uno debe traer fotos de cuando era niño y de ser posible, un juguete u objeto muy querido (muñeca, osito, etc.). Decore el local con pelotas y adornos usados para fiestas infantiles. Las actividades pueden incluir juegos y una sesión de dibujos animados.

Evento: Con la música de fondo, dirija los juegos y dé dulces de premio.

JUEGOS SUGERIDOS

- Después de colocar el nombre de la persona en la parte de atrás, mezcle las fotos que han traído los participantes y desafíe al grupo a adivinar a quién pertenece cada una. Lo mismo se puede hacer con los juguetes de estimación.
- Prepare algunos biberones con leche tibia y cerciórese de quién consigue tomarlo en menos tiempo.
- Consiga una muñeca con varias ropitas, zapatitos, etc., y haga una competencia entre las chicas para ver cuál consigue vestir la muñeca en menos tiempo.
- Divida al grupo en dos equipos. Consiga para cada uno una carretilla adornada como si fuera un coche de bebé. En esquema de relevos, los chicos deben transportar a las chicas hasta un determinado lugar. Gana el equipo que complete la actividad en menos tiempo.

Compartir: El plan de Dios es que no permanezcamos niños en la vida cristiana, sino que crezcamos a la imagen del Señor Jesús. Ese crecimiento se hace evidente en el conocimiento de la Palabra (1 Pedro 2:2), en el servicio (Efesios 4:13-16) y en el amor (1 Corintios 13:11-13).

52   Noche de los enamorados

Preparativos: Elabore una cena especial, a luz de las velas. Dé una atención particular a la decoración del lugar y de la mesa, y consiga que el encuentro se produzca con música romántica de fondo. Planee números musicales especiales, minidramas y juegos.

Evento: Antes y después de la cena dirija algunos juegos y competencias. Entregue premios a los más destacados de la noche: la pareja más elegante, la declaración de amor más enfática, la pareja más parecida y la más diferente (evalúe la altura, el color de los cabellos, el porte, el origen, etc.).

JUEGOS SUGERIDOS

BINGO DE LOS ENAMORADOS: Prepare una tabla de acuerdo al modelo siguiente y distribuya una copia por pareja. Dada la señal, el objetivo de cada pareja participante es entrevistar a las demás obteniendo sus firmas, de manera que sea la primera en llenar con firmas cinco cuadros alineados en cualquier dirección. Cada pareja puede firmar solamente un cuadro por hoja.

Nunca comieron pizza juntos	Nacieron el mismo mes	Empezaron el noviazgo hace dos semanas	Ella ya preparó una cena para él	El primer encuentro sucedió en el exterior
Se van a casar en enero	Este es el primer noviazgo de ambos	Se comprometieron en Navidad	Ambos conocen otro idioma (el mismo)	Jugaron juntos cuando eran niños
Compraron un apto. para vivir	Ella llora con las películas románticas	PONGAN AQUÍ SUS NOMBRES	Ella es más vieja que él	A ambos les gusta comer hígado
Ella nunca le escribió una carta a él	Él aún no conoce a los padres de ella	Él le lleva flores a ella todas las semanas	El primer encuentro sucedió en un retiro	Son compañeros de clase de la universidad
Nacieron el mismo día del mes, pero en meses diferentes	El noviazgo ya dura más de cinco años	El noviazgo empezó en la playa	Ambos ya visitaron una tribu indígena	Él tiene cinco años más que ella

Cuando prepare el material del juego, incluya características propias de las parejas de su grupo y que, de preferencia, sean desconocidas de los demás. Divulgue las respuestas correctas al terminar.

TEST DE COMPATIBILIDAD: Escoja tres parejas e invite a los chicos para que abandonen la sala. Mientras tanto, cada una de las chicas debe responder preguntas sobre su prometido o novio (por ejemplo: ¿Cuándo se vieron por la primera vez? ¿Cuál es el plato predilecto de él?). Anotadas las respuestas, los chicos regresan y son entrevistados sobre las mismas preguntas. El desafío es responder de acuerdo a las declaraciones de sus prometidas o novias. Gana la pareja que tenga más respuestas compatibles.

Compartir: La superioridad del amor (1 Corintios 13).

○ El amor es superior porque sin él los dones no son nada (13:1-3).
○ El amor es superior porque es altruista (13:4-7).
○ El amor es superior porque permanece para siempre (13:8-13).

53 Banquete romántico para los padres

Preparativos: Promueva un banquete romántico para los padres de los integrantes de su grupo, como oportunidad de edificación para los padres y también de integración entre los padres e hijos. Los jóvenes deben elaborar las invitaciones, cuidar de la decoración y de la cena, alistar y presentar minidramas y musicales especiales.

Evento: Los hijos deben recibir a los padres y también servir la mesa. Durante la cena se presentan números musicales y enseguida los minidramas. La reunión pueden incluir juegos (véase la idea 52, Noche de los enamorados).

Compartir: La relación cristiana entre padres e hijos implica algunas responsabilidades (Efesios 6:1-4):

○ Responsabilidades de los hijos para con los padres:
  ➡ Obedecer (6:1).
  ➡ Honrar (6:2).
○ Responsabilidad de los padres para con los hijos:
  ➡ No provocar (6:4).
  ➡ Criarlos en la disciplina del Señor (6:4).
  ➡ Amonestar (6:4).

54 Vamos al teatro

Preparativos: Divida a los participantes en grupos pequeños; con anticipación, motívelos para que se apunten a presentar una pieza de teatro o minidrama. La semana anterior al evento, verifique con los grupos cómo van los ensayos, el título y la duración de cada presentación. Haga un programa, indicando la secuencia de las presentaciones y verifique que todos los grupos consigan obtener los escenarios y las ropas necesarias. El grupo puede decidir si desea extender la invitación a otras personas para que estén presentes (amigos, padres, etc.) o si prefiere una programación íntima.

Evento: Cada grupo debe hacer su presentación. Una comisión puede evaluar la más original, la más divertida, la mejor representación, la revelación de la noche (alguien cuyo talento teatral era inesperado).

Compartir: En algunas ocasiones nuestra vida cristiana corre el riesgo de volverse una representación (Santiago 2:18-26).

55 Venga como está

Preparativos: Solamente los líderes deben saber con anterioridad la fecha de esta actividad. El grupo puede ser avisado de que acontecerá durante el mes o semestre en curso, pero sin saber la fecha exacta.

Evento: En la noche (o tarde) cierta, recorra la casa de los integrantes de su grupo y reúnalos. Cada uno debe salir exactamente como está. Las actividades del encuentro deben ser diversificadas: una película, juegos, una tarde deportiva, un paseo u otra actividad informal.

Variación: Entregue con anterioridad una invitación especial para la actividad estipulando que cada uno asista de acuerdo a la manera que esté vistiendo en el momento en que la recibió. Para tener una buena variedad de trajes, entregue las invitaciones en horarios variados y durante las actividades más diferentes.

Compartir: Debemos estar siempre vigilantes, esperando el regreso del Señor Jesús (Lucas 12:35-48).

56 Destino desconocido

Preparativos: Establezca el horario y el local donde los integrantes del grupo deben encontrarse. Avise con anticipación de que saldrán juntos para un destino que solamente usted conoce, y de que todos deben venir listos para cualquier tipo de actividad. Si es necesario, dé instrucciones sobre el traje. Recomiende puntualidad, pues los que lleguen tarde no podrán alcanzar al grupo.

Evento: Reunido el grupo, salga en dirección del "destino desconocido", intentando hacer un camino diferente de aquel que normalmente harían para llegar al local. Intente despistar lo mejor posible su destino, de manera que sorprenda al grupo. Algunas sugerencias de "destinos desconocidos": heladería, centro comercial, zoológico, escalar una montaña, etc.

Compartir: El cielo es nuestro 'destino desconocido' dispuesto por Dios (Juan 14:1-6)

57 Encuentro secreto

Preparativos: Construya una situación en la que todos deben imaginar que su país fue tomado por un gobierno que prohíbe la adoración a Dios. Las reuniones cristianas son consideradas crímenes pasibles de muerte o tortura. Las Biblias, la literatura religiosa y los himnarios fueron confiscados. Pastores y líderes están presos. Entonces, el grupo debe planear un encuentro secreto, similar a los de la iglesia primitiva. Es interesante marcar la reunión en un horario que requiera algún esfuerzo para estar presente, de preferencia, en la madrugada. La reunión no puede ser en la iglesia, porque las iglesias fueron cerradas. Todos deben ir de ropas oscuras y no pueden llegar en grupos grandes para no levantar sospechas de los vecinos o de las autoridades.

Evento: El encuentro consiste de oración, de un período de alabanza y de compartir con canciones suaves (para no despertar la atención de extraños), versículos bíblicos memorizados con anterioridad, testimonios y estímulo mutuo. Uno de los participantes hace la lectura de un mensaje enviado por el pastor que está en la cárcel. El grupo debe estar sentado en círculo, usando solamente unas velas para iluminación del local. A la salida, los participantes deben dispersarse rápidamente, manteniendo la atmósfera creada. El evento no debe ser realizado como un juego sino como una oportunidad para vivir una nueva apreciación de la libertad que disfrutamos en nuestro país.

Compartir: Debemos recordar a aquellos que sufren persecución religiosa, como si estuviéramos presos con ellos (Hebreos 13:3)

58   Vigilia de oración

Preparativos: Planee una 'fiesta' de oración que dure una noche.

Evento: Haga de la vigilia de oración una reunión dinámica, incluyendo períodos de oración individual, en grupos pequeños o más grandes. Intercale los períodos de oración con cánticos y testimonios, y también con alguna merienda. Cambie mucho la postura, en los tipos de oración (acción de gracias, peticiones, frases cortas, etc.) y los lugares. Puede incluir una 'caminata con Dios', orando en grupos pequeños mientras andan por el jardín, alrededor de la casa, etc.

VIGILIA DE ORACIÓN	
10.00 pm	Alabanza.
10.30 pm	Testimonios.
10.45 pm	Oración en parejas (pedidos personales)

11.15 pm	Oración en grupos (de rodillas por todos).
11.45 pm	Oración individual (por el liderazgo).
12.00 pm	Merienda.
1.00 am	Alabanza.
1.15 am	Testimonios.
1.30 am	Oración en grupos de 4 (intercesión por la iglesia).
2.00 am	Caminata de oración.
3.00 am	Café.
3.30 am	Alabanza.
3.45 am	Testimonios
4.00 am	Ronda de oración (dejar diferentes pedidos de oración en las varias salas y dividir a los participantes en grupos pequeños que deben recorrer todas las salas, y permanecer 10 minutos en cada una).
5.15 am	Alabanza.
5.30 am	Desayuno.
6.00 am	¡Todos para sus casas!

Variación: Los períodos de testimonio pueden ser reemplazados por un estudio corto sobre la vida de oración y dependencia de Dios de algunos hombres del Antiguo Testamento, como Nehemías (Nehemías 1:4-11; 2:4; 4:9), Asá (2 Cr 14:6–15:2), Ezequías (2 R 19:8-19; 20:1ss).

59 Las fiestas de Israel

Preparativos: Con la ayuda de un diccionario bíblico o de una enciclopedia, investigue la historia y la práctica de varias fiestas del pueblo de Israel. Escoja fechas oportunas para reproducirlas con su grupo, mostrando el significado de aquella conmemoración para el pueblo de la época y su relevancia para nosotros hoy día. Intente, dentro de lo posible, conseguir alimentos típicos y dramatizar el ambiente de la época.

NOMBRE EN HEBREO	NOMBRE ACTUAL	CONMEMORACIÓN	TEXTO BÍBLICO	CALENDARIO JUDÍO	CALENDARIO OCCIDENTAL
Pesah	Pascua (panes ázimos y primicias)	Liberación de la esclavitud de Egipto	Levítico 23:4-14 Éxodo 12	14 Nisán	Marzo/abril
Shavouth	Pentecostés	Cosechas	Levítico 23:15-22 Deuteronomio 16:9-12	6 Sivan	Mayo/junio
Succoth	Fiesta de los tabernáculos	Peregrinación en el desierto	Levítico 23:33-43 Deuteronomio 16:13-15	15 a 21 Tishri	Septiembre/octubre
Yom Terua	Día de las trompetas	Convocación santa	Levítico 23:24-25 Números 29:1	1 Tishri	Septiembre/octubre
Yom Kippur	Día de la expiación	Expiación por el pecado / anual	Levítico 23:26-32	10 Tishri	Septiembre/octubre
Purim	Suertes	Liberación de las intrigas de Amán	Ester 9	13 y 14 Adar	Febrero/Marzo
Chanukah	Dedicación	Restauración del templo en 164 a.C.	Juan 10:22	25 Kislev	Noviembre/diciembre

60 Noche de recuerdos

En el último encuentro del año, el grupo puede celebrar las victorias obtenidas, recordar las lecciones aprendidas y los buenos momentos de comunión. Si hay Power-Point o fotografías, aproveche para que todos puedan recordar las programaciones realizadas. Pídale a cada persona que diga, según su opinión, cuál fue la mejor ocasión entre todas las que el grupo pasó reunido y por qué escogió eso. Pregúntele a cada uno qué fue lo que en especial le marcó a su vida por medio de la convivencia con el grupo durante aquel año.

Miren juntos hacia el año que viene y establezcan objetivos. Dé también la oportunidad para que compartan objetivos personales.

Compartir: Al final del encuentro, reúna a los participantes en círculo, mediten sobre el texto de Filipenses 3:13-14 y distribuya velas pequeñitas apagadas. Tenga una vela prendida en sus manos y encienda la vela del que está a su mano derecha, mientras comparte con él una victoria alcanzada ese año que está terminando y un propósito para el año entrante. Cada participante debe hacer lo mismo hasta que todas las velas estén encendidas, y dirija un tiempo de oración silenciosa donde cada persona debe orar por aquella que está a su lado. Termine con una oración.

JUEGOS

Muchas veces un encuentro 'frío' necesita solamente de una pequeña chispa para hacerlo dinámico y 'caliente'. Esta chispa la puede proporcionar, por ejemplo, un juego dispuesto al comienzo de la reunión. O quizá se prefiera dinamizar el final de la reunión con algunas de las actividades que se presentan aquí... Sugerimos que sus retiros y campamentos también se animen con juegos y competencias.

Conviene recordar algunos principios básicos que hay que tener en cuenta cuando dirigimos un juego:

- ➲ La competencia entre equipos, con premios simples para los ganadores (dulces, derecho de servirse el primero, etc.), crea un ambiente más dinámico que la competencia individual.
- ➲ La competencia nunca debe asumir mucha importancia de manera que dañe la comunión entre los participantes. Cuando note que los integrantes del grupo están llevando el juego muy en serio, es el momento de terminar, cambiar los equipos y calmar la 'tempestad'. Esta es una buena oportunidad para enseñar principios bíblicos de victoria y derrota, contentamiento y consideración mutua (Romanos 12:10; Filipenses 2:3-4).
- ➲ La división en equipos se puede realizar de varias maneras: por sexos (chicos y chicas), por números (distribuir números 1-2-1-2-1-2), por la fecha de nacimiento (enero-junio y julio-diciembre), etc.
- ➲ Dar nombre a los equipos ayuda a 'personalizarlos' y crear más motivación;
- ➲ Esté bien preparado: conozca el juego que desea dirigir y consiga con anticipación el material necesario.

- Intente involucrar a todos los integrantes del grupo en los juegos. Una o dos personas indispuestas no pueden contagiar a las demás. Uno de los mejores remedios contra esa 'enfermedad' es su propia participación en las actividades.
- Tenga cuidado y al dividir los equipos hágalo de manera justa y proporcionada, con especial sensibilidad por las personas con menos habilidad, marginadas, etc., para intentar integrarlas en el resto del grupo.

Dividimos los JUEGOS en 4 tipos principales: juegos para grupos pequeños y grupos grandes, de relevos y de atención.

Cuando hablamos de grupos pequeños, pensamos en aquellos de un máximo 20 personas. Algunas de las ideas que reunimos aquí funcionan sin importar el tamaño del grupo, pero están clasificadas en la categoría donde quizá pueden dar mejor resultado.

Los juegos de atención son aquellos que entrañan algún desafío mental y que necesitan ser 'descifrados' por el que no los conoce. Cree suspenso al dirigirlos y no revele rápidamente el secreto. Conduzca al grupo de manera que todos disfruten del descubrimiento; cuando vaya a repetirlos, evite que los que ya conocen el secreto dañen el juego y ayude a los que tienen más dificultad. La mayoría de los juegos de atención funciona en locales donde no se dispone de espacio para organizar juegos de relevos. Son útiles para el equilibrio de las actividades del grupo, pues valorizan a las personas que piensan, mientras que los otros juegos tienden a favorecer a los atletas. Sugerimos que su grupo intercale ideas que exigen mucha actividad con las más calmadas, que exigen más reflexión.

Y por último, los juegos de relevos ofrecen la oportunidad de desarrollar la competencia entre equipos. La mayoría exige un salón grande y algunos deben ser realizados al aire libre. Son actividades especialmente adecuadas para retiros y campamentos.

No se desanime si el grupo no responde inmediatamente al espíritu del juego. ¡Continúe, ya que es su entusiasmo el que va a contagiar a los demás!

JUEGOS

PARA GRUPOS PEQUEÑOS

 61 Dibujo por descripción

Material necesario: 4 sillas, diversos objetos, hojas de papel y lápices.

Procedimiento: Divida el grupo en equipos. Dos personas de cada equipo se sientan de espaldas, una contra la otra, de tal modo que una de ellas debe tener en sus manos un objeto y la otra, papel y lápiz. La primera describe el objeto, mientras la otra lo dibuja en cierto tiempo. Continúe hasta que todos hayan participado y que los dos equipos hayan dibujado los mismos objetos. Al final, una comisión debe evaluar los resultados.

62 Jarra de algodón

Material necesario: Bolas de algodón, dos vendas, cuatro jarras y dos cucharas.

Procedimiento: Divida al grupo en dos equipos. Cada equipo debe escoger un representante, a quien se le coloca una venda en los ojos, que intentará desocupar una jarra llena de bolas de algodón, transportándolas a otra jarra que está al lado. Esta persona debe utilizar una cuchara y los integrantes de su equipo pueden orientarla, si es necesario, para que ninguna bola de algodón se pierda. Gana el equipo cuyo representante termine la operación en menos tiempo.

63 'Pobrecito'

Material necesario: Frijoles, un vaso para cada participante.

Procedimiento: Cada participante recibe un vaso con cinco o más granos de frijol. Se determina por sorteo la persona que debe empezar el juego, y esa persona mencionará algo que NUNCA hizo, pero que cree que todos los demás han realizado (por ejemplo: "nunca suspendí (perdí) un examen en el colegio"). Cada persona que ya tuvo esa experiencia debe quitar un grano de frijol de su vaso. El juego continúa hasta que solamente una persona tenga aún granos de frijol en su vaso. El 'pobrecito' del grupo, que nunca tuvo la oportunidad de pasar por las experiencias mencionadas, tiene derecho a un premio.

64 Fútbol de ping-pong

Material necesario: Bolas de ping-pong, mesa rectangular.

Procedimiento: Cada equipo se coloca en uno de los lados de la mesa. Se lanza la bola de ping-pong a la mitad de la mesa y los equipos intentan hacer gol soplándola para que alcance la extremidad del campo contrario. Está prohibido tocar la bola con las manos.

65 La última sonrisa

Escoja por sorteo a la persona que debe empezar el juego. Ella va a provocar a los demás participantes para que empiecen a reír, pero sin tocarlos. Cada persona que empiece a reír, debe pasar a provocar a los demás, hasta que todos estén riendo. La persona que más resista sin reír, recibe un premio.

66 Corriente eléctrica

Procedimiento: Los participantes se reúnen en círculo, de la mano, y una persona se queda en la mitad del círculo. Se produce una 'corriente eléctrica' en una de las 'estaciones generadoras' escogidas con anterioridad –pero que no son del conocimiento de la persona que está en el centro del círculo– y se transmite al apretar la mano de la persona a la derecha o a la izquierda. Cuando sea recibida, la 'corriente eléctrica' debe ser transmitida inmediatamente por todos los participantes excepto por las 'generadoras', que pueden retenerla por algunos instantes antes de darle continuidad. La persona que está en el centro del círculo intenta adivinar dónde está la 'corriente eléctrica'. El que sea descubierto con la 'electricidad' se va al centro del círculo y el juego empieza nuevamente, escogiendo nuevas 'estaciones generadoras'.

67 Fechas marcadas

Material necesario: Bolsas de plástico y copias del material preparado.

Procedimiento: Disponga una relación de fechas similar al modelo siguiente y entregue una copia para cada equipo. Incluya más o menos fechas dependiendo del tiempo disponible.

RELACIÓN DE FECHAS
2000 _____
1999 _____
1998 _____
1997 _____
1996 _____
1995 _____
1994 _____

1993	_____
1992	_____
1991	_____
1990	_____
1989	_____
1988	_____
1987	_____
1986	_____
1985	_____
1984	_____
1983	_____
1982	_____
1981	_____
1980	_____

Los equipos deben obtener objetos que tengan esas fechas marcadas, como por ejemplo revistas, monedas, diversos documentos, productos con fecha de fabricación. Solamente será considerado un objeto por fecha y un mismo tipo de objeto no se puede repetir para más de una fecha. Gana el equipo que junte más objetos.

68 Torta del azar

Material necesario: Torta simple, sombrero, guantes, dado, tenedor y cuchillo.

Procedimiento: Los jugadores se colocan de pie alrededor de la mesa donde está la torta y lanzan sucesivamente el dado. Quien saque "6" debe colocarse el sombrero, los guantes y empezar a comer la torta con el tenedor y el cuchillo, mientras los demás continúan lanzando el dado. Si alguien más consigue sacar "6", ahora tiene el derecho de comer torta y la persona que esté comiendo en ese momento de inmediato le entrega el cuchillo, el tenedor, el sombrero y los guantes. Es indispensable colocarse el sombrero y los guantes antes de empezar a comer la torta. ¡Que continúe el juego mientras haya torta y tenedores, y mucha disposición para comer!

Pobre gatito

Todos los participantes deben estar sentados, formando un círculo. Se escoge a una persona para hacer el papel de gatito. Imitando al animalito, esa persona debe aproximarse a otra persona y provocarla para que se ría. Pero, la persona debe permanecer seria y acariciarle la cabeza al gatito diciendo: "¡Pobre gatito!". Entonces el gatito se va a provocar a otra persona e intentar alcanzar su objetivo. El primero que se ría hará el papel de gatito.

Cacería de versículos

Material necesario: Bolsas plásticas y por lo menos una Biblia para cada equipo.

Procedimiento: Esta actividad mezcla diversión con conocimiento bíblico. Divida al grupo en equipos y entréguele a cada uno de ellos una o más bolsas y una Biblia. Los equipos deben reunir objetos que son mencionados en la Biblia, como por ejemplo, una piedra, un pedazo de pan, etc. Cada cosa debe ir acompañada del respectivo versículo bíblico. Gana el equipo que junte la mayor cantidad de objetos.

JUEGOS

PARA GRUPOS GRANDES

71 Reventar globos

Material necesario: Globos (bombas) y un rollo de hilo.

Procedimiento: Infle los globos (las bombas) y amárrelos en los tobillos de los participantes. Dada una señal, el objetivo de cada persona es hacer explotar los globos de las demás y sobrevivir con los suyos. No se permite usar las manos ni empujar a los otros. Verifique que todos estén de manera activa intentando hacer explotar los globos y no solamente defendiéndose; el que pase cierto tiempo sin reventar un globo debe ser eliminado. Gana la última persona que consiga salvar por lo menos uno de sus globos.

72 Guiños

Material necesario: Sillas colocadas en círculo (una silla más que participantes).

Procedimiento: Los chicos se colocan de pie, detrás de las sillas donde las chicas están sentadas; una silla debe estar libre. El chico que está detrás de la silla libre irá a hacer un guiño a una chica. Esta inmediatamente intenta escapar de quien está de pie detrás de ella, sin ser tocada por él, y va a la silla libre. Si el compañero consigue tocarla, ella no puede salir y el chico que está detrás de la silla libre lo intentará con otra chica... Después, se pueden intercambiar las posiciones.

73 Guerrilla

Material necesario: Campo demarcado y dos banderas.

C á r c e l	Bandera A	Bandera B	C á r c e l
	15 metros	15 metros	

Procedimiento: Los dos equipos se posicionan en sus respectivos campos, 'cuidando' sus banderas. Dada una señal, los equipos se despliegan, intentan tomar la bandera del enemigo y volver con ella a su campo.

Cualquier persona que sea tocada por un enemigo mientras esté fuera de su campo se vuelve prisionera del enemigo. Se puede liberar a los presos tocándoles alguien del propio equipo. Los guardias protegen la bandera y la cárcel. El equipo que consiga robar la bandera del enemigo y llegar con ella a su campo es el ganador. Esté atento durante el juego y establezca límites para que nadie se maltrate.

74 Incendio en la montaña

Los participantes deben formar dos círculos con número igual de personas, uno alrededor del otro y ambos mirando para el centro, donde está el 'guardia forestal'. Cuando él grite: "¡Incendio en la montaña! ¡Corran hombres, corran!", las personas que están en el círculo externo empiezan a correr sin salir de la formación, mientras los demás aplauden. Cuando el 'guardia forestal' pare de aplaudir, él se va a juntar al círculo interno y juntos levantarán las manos como señal de que las personas que están corriendo deben parar, entrar en el círculo y quedar enfrente de alguien, formando un nuevo círculo interno. En la medida en que el círculo interno se va completando, las personas del círculo externo van bajando sus manos. Quien se quede sin compañero va al centro y se vuelve el nuevo 'guardia forestal'.

75 Serpiente venenosa

Material necesario: Ramas de árbol, latas u otros objetos amontonados.

Procedimiento: Los participantes forman un círculo alrededor de los objetos que representan la 'serpiente venenosa', se agarran de la mano e intentan empujarse unos a otros en dirección a los objetos. Si alguien pisa en la 'serpiente venenosa' o se cae, debe dejar el juego. Los que se suelten de la mano también serán descalificados. El que quede el último será el ganador.

76 Gato maúlla

Establezca límites en la sala y escoja un integrante del grupo para ser vendado. Esta persona debe andar por la sala y tocar a alguien y pedir: "¡Gato maúlla! ¿Quién eres tú?" El gato debe responder con un "miau" y la persona vendada intentará identificarlo. Si lo consigue, el 'gato' pasa a ser la persona descubierta.

77 Ardillas en los árboles

Escoja dos personas –la 'ardilla sin árbol' y el 'perro'– y oriente a los demás para que formen grupos de cuatro. Tres personas de cada grupo deben darse las manos formando un círculo en cuyo centro se coloca la cuarta persona –la 'ardilla en el árbol'–. Dada una señal, el perro intenta pillar a la ardilla sin árbol, que entonces corre para buscar protección. Cuando entra en un árbol, la ardilla que está allí debe salir para buscar otro. Si el perro alcanza a alguna ardilla sin árbol, aquella ardilla pasa a ser el perro.

78 Coro afinado

Material necesario: Papel y lápiz.

Procedimiento: Divida el grupo en 3 equipos. Cada equipo debe escoger una persona que va a recibir una nota con el nombre de una canción (puede ser una alabanza, un himno, una canción popular, una canción infantil, etc.), la misma para los tres escogidos. Inmediatamente esa persona debe empezar a dibujar algo que lleve a los demás a identificar la canción. No se permite escribir, hablar o hacer señas. Tan pronto como los integrantes de un equipo crean que descubrieron de qué canción se trata, deben empezar a cantar. El primer equipo que cante la canción correcta es el ganador.

79 Gato y ratón

El grupo forma un laberinto de filas y columnas. Un 'gato' va a pasear por el laberinto a la cacería de un 'ratón'. Cuando el juego empiece, todos estarán agarrados de la mano en el sentido de las filas, o de las columnas. El ratón al sentirse amenazado por el gato, puede gritar "¡Cambio!", y las filas cambian a columnas, o las columnas a filas.

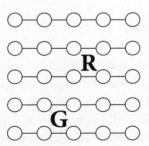 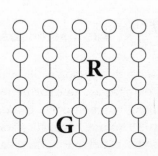

Para hace más dinámico el juego, de tanto en tanto, el líder también puede ordenar el cambio de filas en columnas o viceversa. Cuando el gato sea agarrado, se escogen nuevas personas para los papeles de gato y ratón.

80 Scrabble

Material necesario: Tarjetas con las letras del alfabeto. Prepare un juego idéntico para cada equipo, con más tarjetas para las letras de más frecuencia.

Procedimiento: Divida al grupo en equipos con un número igual de participantes (12 a 24 personas en cada equipo). Entregue a cada equipo un juego de tarjetas con letras. Dada una señal, los equipos intentan formar palabras, usando la mayor cantidad de personas, cada una con una letra. Oriente a los equipos para que cada uno escoja un líder para coordinar el trabajo de los demás participantes. Se sugiere que el equipo trabaje sentado en el piso, con los participantes organizados en filas y columnas. Dele el premio al equipo que use más letras, que forme la palabra más larga o que tenga la mayor cantidad de palabras.

JUEGOS

DE RELEVOS

81 **Carrera del frijol**

Material necesario: Vasos, granos de frijol y pitillos (pajitas) para gaseosa.

Procedimiento: Coloque en el suelo dos vasos por equipo, uno en cada extremo del salón. En uno de los extremos, los vasos deben estar llenos de frijoles (verifique que el número de granos sea igual para cada equipo). El primer participante de cada equipo toma el pitillo, corre hasta el vaso que contiene los frijoles, aspira un grano con el pitillo y regresa con él hasta el vaso desocupado, donde debe depositarlo. La segunda persona solamente podrá partir cuando el grano de frijol esté en el vaso. El primer equipo que transfiera todos los frijoles de un vaso a otro será el ganador.

82 **Carrera de abanico**

Material necesario: Abanicos, bolas de ping-pong y un campo demarcado.

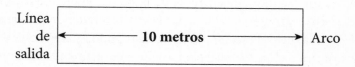

Línea de salida ← —— 10 metros —— → Arco

Procedimiento: Los participantes se colocan detrás de la línea de salida. Entréguele a cada equipo una bola de ping-pong y un abanico. Dada la señal, el primer participante de cada equipo debe partir soplando la bola con el abanico, intentando llevarla hasta el arco. No puede tocar la bola con las manos, pero puede estar atento para protegerla, porque está permitido soplar con el abanico la bola del adversario para hacerle difícil el recorrido. Hecho el gol, la persona regresa corriendo con la bola y se la entrega al próximo participante, que repetirá la operación. El primer equipo que haga 10 goles será el ganador.

83   Buscar y llevar

Los equipos deben formar filas en uno de los extremos del salón. Los primeros jugadores de cada equipo corren de la mano hasta el extremo opuesto. Uno se queda allí, mientras el otro regresa corriendo a la fila del equipo para buscar al siguiente. Los dos corren de la mano hasta la línea de llegada, donde uno se queda y el otro regresa corriendo para buscar a otro. El primer equipo que transfiera todos sus integrantes para el otro extremo será el ganador.

84   Paseo de escoba

Material necesario: Una escoba y una silla para cada equipo.

Procedimiento: Dos personas de cada equipo toman la escoba y se la colocan en medio de las piernas, como si estuvieran montadas en un caballo, una enfrente de la otra. Deben andar juntas hasta el otro extremo del salón, dar la vuelta alrededor de la silla y regresar a la fila. La escoba pasa para la segunda pareja, que debe repetir la operación. Gana el equipo que complete el relevo en menos tiempo.

Variación: Se pueden colocar obstáculos a lo largo del recorrido. La pareja debe superarlos sin salirse de la escoba.

85 Cadena humana

Material necesario: Una silla para cada equipo.

Procedimiento: Los equipos se posicionan formando filas paralelas, a 10 metros de distancia de las sillas. Dada una señal, la primera persona de cada equipo sale corriendo, da una vuelta alrededor de la silla y regresa a la fila para llevar a otro participante. Los dos corren de la mano, pasan alrededor de la silla y regresan para buscar a la tercera persona. La actividad continúa hasta que todos estén de la mano y el equipo completo dé la vuelta alrededor de la silla, entonces regresando a la posición inicial. Si durante el juego alguien de la cadena se suelta de la mano, el equipo debe volver a la posición inicial y empezar nuevamente la carrera. El ganador es el primer equipo que complete la cadena humana y regrese a la posición inicial.

86 Carrera de bombero

Material necesario: Dos conjuntos de ropas grandes (cada uno debe vestirlas por encima de las suyas) y divertidas, de preferencia con varios botones, cinturones, cremalleras y cordones para amarrar.

Procedimiento: Coloque las ropas en las sillas. En una de las extremidades del salón debe haber un conjunto igual de ropas para cada equipo; en el caso de que no sea posible, consiga ropas con igual número de accesorios para que ninguno de los equipos quede en desventaja. Dada la señal, el primer participante de cada equipo corre hasta las ropas, se viste por completo (verifique que no sea olvidado ningún accesorio) y enseguida se quita el disfraz y regresa. Cuando regresa a la fila, el siguiente puede partir y repetir la operación. Gana el equipo que complete el relevo en menos tiempo.

87   Frijol en la mano

Material necesario: Vasijas y bolsas de granos de frijol.

Procedimiento: En uno de los extremos del salón, coloque las bolsas de granos de frijol, en número igual para cada uno de los equipos. En el otro, deben estar los participantes divididos en equipos y las vasijas, una al frente de cada equipo–. Uno cada vez, los participantes deben correr hasta la bolsa de frijoles de su equipo, tomar lo máximo que pueda en las manos y regresar a la vasija donde depositarán los granos que sobraron en sus manos. Establezca un tiempo límite para el juego y verifique que todos los integrantes del equipo tengan la misma oportunidad de participación. Al final, cuente los granos que hay en cada vasija para descubrir al ganador.

88   Carretilla

Material necesario: Bolas de ping-pong.

Procedimiento: Los equipos se dividen en parejas que deben formar 'carretillas' –una persona sostiene las piernas de la otra, que enseguida sale gateando–. Las 'carretillas' van a conducir la bola de ping-pong, mediante soplidos, hasta un punto determinado y regresar. Cuando regresen, los dos participantes pueden intercambiar las posiciones. La pareja siguiente debe repetir la operación hasta que todos los integrantes del equipo hayan participado. No se permite tocar la bolita.

89   Por arriba y por debajo

Material necesario: Pelotas.

Procedimiento: Los equipos forman filas y la primera persona de cada fila recibe una pelota. Dada la señal, debe pasar la pelota a la persona que está detrás, por encima de su cabeza. La segunda persona la pasa por debajo de las piernas. La pelota debe continuar pasando alternadamente por arriba y por debajo hasta que llegue a la última persona de la fila. Esta recibe la pelota, corre al inicio de la fila y da inicio nuevamente a la operación. La actividad continúa hasta que todos hayan cambiado de posición en la fila y el equipo esté de nuevo en el orden en el que empezó –la persona que tomó la pelota por la primera vez debe estar con la pelota en las manos, volver al comienzo de la fila y entregársela al árbitro–. Gana el equipo que termine en menos tiempo.

90 Silbido

Material necesario: Un paquete de galletas para cada equipo.

Procedimiento: Los equipos deben formar filas en uno de los extremos del salón y las galletas tienen que estar en el extremo opuesto. Dada una señal, el primer participante de cada equipo corre hasta el paquete de galletas, come una y comienza a silbar una canción elegida con anticipación por los equipos. Puede ser una canción corta pero conocida por todos y cada participante puede silbarla lo más rápido que pueda, pero debe ser la canción completa. Cuando termine, la persona regresa a la fila y la siguiente puede salir. El proceso sigue hasta que todos han participado. Gana el equipo que complete la tarea en menos tiempo.

JUEGOS

DE ATENCIÓN

91 Diccionario

Material necesario: Diccionario, hojas de papel, lapiceros.

Procedimiento: Unos de los participantes selecciona en el diccionario una palabra poco conocida, lee esta palabra en voz alta y copia su definición mientras los demás participantes redactan su propia definición y firman debajo. Se recogen las hojas y se leen en voz alta todas las definiciones, incluso aquella que fue copiada directamente del diccionario, pero sin identificarlas. Cada participante vota la definición que juzga correcta. Anote los votos y distribuya los puntos de la siguiente manera:

DISTRIBUCIÓN DE LOS PUNTOS
○ 1 punto al autor de la definición por cada voto que recibe, siendo correcta o no.
○ 1 punto para cada persona que escriba una definición correcta.
○ 1 punto para la persona que vote por una definición correcta.
○ 1 punto para aquella persona que escogió la palabra en el diccionario por cada uno de los votos en definiciones equivocadas.

Gana el que reúna más puntos al terminar el juego.

92 Memoria

Material necesario: De 20 a 30 objetos pequeños. Papel y lapiceros.

Procedimiento: Coloque los objetos en una bandeja y permita que todos los vean durante 30 segundos. Tape la bandeja, cante una canción con el grupo y entonces distribuya el papel y los lapiceros, y pida a los participantes que enumeren los objetos que están en la bandeja. El ganador será quien consiga nombrar la mayor cantidad de objetos correctos.

Variación: (para grupos pequeños): Coloque en una bolsa plástica opaca objetos relacionados con un tema (por ejemplo, artículos para bebé). Informe a los participantes de la cantidad de objetos que hay en la bolsa y del tema. Permita que sostengan la bolsa sin abrirla. Enseguida, distribuya el papel y los lapiceros, y pida a los participantes que enumeren las cosas que imaginan que están en esa bolsa. Gana el que enumere la mayor cantidad de objetos correctos.

93   Es cuestión de pulgares

Una persona del grupo deja el salón mientras su compañero y los demás participantes escogen uno entre tres objetos que están en el suelo, en el centro del círculo. Cuando regresa, la persona que había dejado el salón finge que está estudiando profundamente cada objeto para adivinar lo que su compañero y el grupo han elegido. Pero la verdad es que está intentando distraer el grupo mientras observa la mano de su compañero que le está indicando el objeto correcto mediante la posición de los dedos:

SIGNIFICADO DE LA POSICIÓN DE LOS PULGARES
● El pulgar derecho cruzado sobre el izquierdo indica el objeto de la derecha.
● El pulgar izquierdo cruzado sobre el derecho indica el objeto de la izquierda.
● Los dos pulgares unidos, lado a lado, indican el objeto de la mitad.

94   Robo de palabras

Material necesario: Tarjetas con las letras del alfabeto. Prepare la mayor cantidad de tarjetas para las letras de uso más frecuente.

Procedimiento: Mezcle las tarjetas y coloque el montón sobre la mesa. El primer jugador debe voltear una tarjeta y colocarla en el centro de la mesa. Los siguientes hacen lo mismo. Tan pronto como un jugador identifica una palabra de tres o más letras (aunque no sea su turno), puede tomar aquellas letras, componer la palabra y colocarla enfrente de él. En los turnos siguientes nuevas tarjetas son volteadas y los participantes deben continuar formando palabras. Es posible robar una palabra ya formada por otro jugador para con ella componer una nueva, añadiendo una o más letras del centro de la mesa. El juego continua hasta que se agoten las tarjetas. Al final, atribuya puntos de acuerdo con las palabras formadas:

DISTRIBUCIÓN DE LOS PUNTOS
○ 1 punto para las palabras de 3 a 5 letras.
○ 2 puntos para las palabras de 6 letras.
○ 3 puntos para las palabras de 7 letras.
○ 4 puntos para las palabras de 8 letras o más.

95   ¿Qué está diferente?

Material necesario: Papel y lapiceros.

Procedimiento: Permita que el grupo observe durante algunos minutos los muebles y objetos que están en la sala. Acto seguido deben salir todos y usted va a cambiar de lugar 10 o más cosas, algunos cambios serán claros pero otros no. Al regresar, todos reciben papel y lapicero, y tienen 10 minutos de plazo para escribir lo que está diferente. Gana quien consiga acertar más cosas cambiadas.

96 Nueve libros

Material necesario: Papel y lapiceros.

Procedimiento: Disponga los libros en tres filas y tres columnas. Una persona deja el salón mientras su compañero y los demás integrantes del grupo escogen un libro entre los nueve. La persona que está afuera regresa al salón y su compañero apunta hacia uno de los libros y pregunta: "¿Es este?". El lugar que está señalando al hacer esta primera pregunta es la clave, pues corresponde al lugar del libro escogido. Cuando alguien del grupo juzgue que ha descubierto la clave, puede ofrecerse como voluntario para salir del salón y ser el siguiente en intentar adivinar qué libro es el que los demás van a escoger.

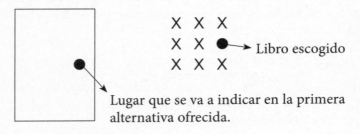

Libro escogido

Lugar que se va a indicar en la primera alternativa ofrecida.

97 Mi padre es un comerciante

El objetivo de los participantes es descubrir qué es lo que hace que su afirmación sea verdadera o falsa. El grupo debe estar sentado en círculo. Empiece el juego dirigiéndose para la persona a su derecha y dígale: "Mi papá es comerciante". El otro le debe preguntar: "¿Qué vende?". Se puede responder, por ejemplo, "objetos de madera" y al mismo tiempo toque algo de madera. La persona a su lado debe continuar dirigiéndose al que está a la derecha. Si ella vio bien su procedimiento, va a tocar algo de madera, que es lo que su papá vende. Si falla, usted debe intervenir riendo: "¡Ah! ¡Pero no es así!". Continúe comentando cada afirmación, identificando las falsas y las verdaderas hasta que alguien consiga descubrir cuál es el criterio de evaluación.

98 Guerra de los sexos

Material necesario: Pedazos de papel con los nombres de los participantes y tantas sillas como participantes más una.

Procedimiento: Chicos y chicas, en igual número, se sientan alternadamente alrededor del salón. Dos chicos y dos chicas deben estar sentados en el 'trono' –un sofá o cuatro sillas especiales seguidas– y una silla debe estar desocupada. Mezcle y distribuya los papeles con los nombres, de tal modo que cada persona responda por el nombre que está en el papel que recibió. El objetivo del juego es conseguir que 4 personas del mismo sexo estén sentadas en el 'trono'. La actividad empieza con la persona que está inmediatamente a la izquierda de la silla desocupada, quien llama a alguien para que se siente a su lado. La persona llamada va a la silla desocupada y llama a otro participante para que ocupe la suya, intentando sacar del 'trono' a alguien del sexo opuesto para reemplazarlo por alguien de su propio sexo. El juego llega al fin cuando cuatro chicos o cuatro chicas están en el 'trono'.

99 Esta es mi nariz

Reúna al grupo en círculo. Empiece el juego colocándose en la mitad del círculo, delante de uno de los participantes, y apuntando a una de las partes de su cuerpo mientras menciona otra. La persona a la cual usted se dirigió se va a colocar de pie y va a señalar en su cuerpo la parte que usted mencionó, pero debe llamarla por la parte que usted apuntó en su cuerpo. Por ejemplo, usted puede decir: "esta es mi nariz" y apuntar a su pie. La otra persona debe levantarse y responder: "Este es mi pie", mientras apunta para la nariz. Continúe en círculo. La persona que se equivoque o demore más de 10 segundos pasa a ocupar el centro del círculo.

100   Destino desconocido

Dos participantes se ponen de acuerdo en que la segunda ciudad mencionada después de una ciudad cuyo nombre es compuesto (por ejemplo: San Francisco, San José, Santo Domingo, etc.) es el 'destino desconocido'. Uno de los dos deja el salón mientras el grupo escoge cualquier ciudad. La persona que estaba afuera regresa y su compañero empieza el diálogo de la siguiente manera:

—¿Nuestro destino es Lima?

—No.

—¿Nuestro destino es Nueva York?

—Tampoco.

—Entonces ¿es Madrid?

—No.

—¿Nuestro destino es Barcelona?

—¡Sí!

De hecho, Barcelona fue la segunda ciudad mencionada después de Nueva York, cuyo nombre es compuesto. Los demás participantes deben intentar descubrir la clave y se pueden ofrecer como candidatos para intentar adivinar el 'destino desconocido'.

APÉNDICES

Perfil

No es raro que las personas sientan dificultad para hablar de sí mismas, pero con un poco de estímulo pueden abrirse y edificar a muchos con sus experiencias de vida. Algunas preguntas pueden ayudar al entrevistador en su tarea de facilitar la transparencia en un grupo pequeño. Sin embargo, se debe tener mucho cuidado, seleccionar las preguntas correctas para la persona adecuada y dirigir la entrevista de manera que no sobrepase los límites de la libertad personal ni avergüence sin necesidad al entrevistado.

1 Diversos

❶ Si usted pudiera estar durante dos horas con algún personaje histórico (excluyendo a Jesús y a personas de su propia familia), ¿a quién escogería?

❷ Si usted pudiera imaginar su vida en el año 2100, ¿cómo sería en términos de familia, profesión, objetivos alcanzados y por alcanzar, color del cabello…?

❸ ¿Cuál es su miedo más grande?

❹ Hable sobre un viaje inolvidable.

❺ ¿Qué le gustaría escribir como lema 'final de su vida', y por qué?

❻ Si pudiera matar una cosa en su vida, ¿qué escogería?

❼ ¿En cuál de estas áreas cree que necesita de más perfeccionamiento: vida familiar, cuidado físico, profesión o estudio?

❽ ¿Cuál es la dificultad que imagina que va a tener en los próximos meses?

❾ ¿Cuál es el libro que más marcó su vida, y por qué?

❿ ¿Qué es lo que más aprecia en su trabajo?

2 Matrimonio

❶ Describa su luna de miel con una frase cinco palabras como máximo.

❷ ¿Cuál es la característica o cualidad que más destaca en su cónyuge?

❸ Si tuviera que describir a su cónyuge con solo una palabra, ¿cuál escogería?

❹ ¿Cómo se conocieron?

❺ Describa la primera vez que salieron solos.

❻ Además de su cónyuge, ¿cuál es el nombre de su novio(a) con quien tuvo una relación más prolongada?

3 Infancia/familia

❶ Cuando era niño, ¿cuál fue la travesura más grande que hizo?

❷ ¿Cuál fue la peor enfermedad que tuvo?

❸ ¿Usted tiene más afinidad con su papá o su mamá? ¿Por qué?

❹ ¿Qué es lo que a su familia más le gustaba hacer en las vacaciones?

❺ ¿Cuál es el cumpleaños que quedó más grabado en su vida, y por qué?

❻ Cuando mira lo que ha sucedido en su vida, ¿cuál de esos momentos le ha traído más alegría? ¿Con cuál se ha realizado más? ¿Por qué?

❼ ¿Cuál fue la materia más difícil que tuvo en el colegio?

4 Iglesia

❶ ¿Cuál es el aspecto más positivo que identifica en nuestra iglesia (grupo, colegio, etc.)?

❷ Si pudiera describir una iglesia 'ideal' para usted y su familia, ¿cómo sería con relación a número de miembros, horario de los cultos, tipo de liderazgo, tipo de actividades, etc.?

❸ ¿A qué edad se convirtió y a qué iglesias ha pertenecido?

❹ ¿En qué área cree que puede contribuir mejor para el cuerpo de Cristo?

❺ ¿Cuál es su don espiritual?

❻ ¿Cuál es la necesidad más grande de la iglesia cristiana en su país, y por qué?

❼ ¿Cómo llegó a esta iglesia?

5 Vida cristiana

❶ ¿Cuál fue la persona que más influenció su vida cristiana, y cómo lo hizo?

❷ Si usted tuviera que escoger una persona como su modelo de vida cristiana, ¿a quién escogería, y por qué?

❸ ¿Cuál es la respuesta de oración más enfática que recibió en el último año? ¿Y en el último mes?

❹ ¿Cuál es su libro bíblico predilecto, y por qué? ¿Cuál el versículo predilecto?

❺ ¿Cuál es el pedido de oración que quiere dejar con el grupo?

Reciprocidad

Ejemplos de imperativos de reciprocidad que se encuentran en las epístolas del Nuevo Testamento:

— Amaos entrañablemente los unos a los otros con amor fraternal (Romanos 12:10).

— ...en cuanto a honor, dando la preferencia los unos a los otros (Romanos 12:10).

— Tened unanimidad de sentimientos entre vosotros (Romanos 12:16).

— No debáis a nadie nada, sino el amaros unos a otros (Romanos 13:8).

— ...no nos juzguemos más los unos a los otros (Romanos 14:13).

— Así que, sigamos lo que contribuye a la paz y a la mutua edificación (Romanos 14:19).

— Y el Dios de la paciencia y de la consolación os dé entre vosotros un mismo sentir según Cristo Jesús (Romanos 15:7).

— ...capacitados también para amonestaros los unos a los otros (Romanos 15:14).

— ...sino servíos por medio del amor los unos a los otros (Gálatas 5:13).

— Sobrellevad los unos las cargas de los otros (Gálatas 6:2).

— ...soportándoos con paciencia los unos a los otros en amor (Efesios 4:2).
— ...hablad verdad cada uno con su prójimo; porque somos miembros los unos de los otros (Efesios 4:25).
— Antes bien, sed benignos unos con otros, misericordiosos (Efesios 4:32).
— ...perdonándoos unos a otros (Efesios 4:32).
— ...sometiéndoos unos a otros en el temor de Dios (Efesios 5:21).
— ...antes bien en humildad, estimando cada uno a los demás como superiores a sí mismo (Filipenses 2:3).
— ...no poniendo la mira cada uno en lo suyo propio, sino cada cual también en lo de los otros (Filipenses 2:4).
— ...antes bien en humildad, estimando cada uno a los demás como superiores a sí mismo (Filipenses 2:3).
— ...no poniendo la mira cada uno en lo suyo propio, sino cada cual también en lo de los otros (Filipenses 2:4).
— No mintáis los unos a los otros (Colosense 3:9).
— ...soportándoos unos a otros, y perdonándoos unos a otros (Colosense 3:13).
— ...enseñándoos y amonestándoos unos a otros (Colosense 3:16)
— Y el Señor os haga crecer y abundar en amor unos para con otros (1 Tesalonicenses 3:12).
— ...que os améis unos a otros (1 Tesalonicenses 4:9).
— ...alentaos los unos a los otros (1 Tesalonicenses 4:18).
— ...animaos unos a otros, y edificaos unos a otros (1 Tesalonicenses 5:11).
— Tened paz entre vosotros (1 Tesalonicenses 5:1).
— ...exhortaos los unos a los otros cada día (Hebreos 3:13).
— Y considerémonos unos a otros para estimularnos al amor y a las buenas obras (Hebreos 10:24).
— Y no os olvidéis de hacer el bien y de la ayuda mutua (Hebreos 13:16).
— ...no os quejéis unos contra otros (Santiago 5:9).
— Confesaos vuestras faltas unos a otros (Santiago 5:16).
— ...para un amor fraternal no fingido, amaos unos a otros entrañablemente, de corazón puro (1 Pedro 1:22).
— ...tened entre vosotros ferviente amor; porque el amor cubrirá multitud de pecados (1 Pedro 4:8).

— Hospedaos los unos a los otros sin murmuraciones (1 Pedro 4:9).

— Cada uno según el don que ha recibido, minístrelo a los otros (1 Pedro 4:10).

— ...y todos, sumisos unos a otros, revestíos de humildad (1 Pedro 5:5).

— ...tenemos comunión unos con otros (1 Juan 1:7).

— ...amemos unos a otros (1 Juan 3:11, 3:23; 4:7, 4:11; 2 Juan 1:5).

Preguntas y respuestas sobre la vida eterna

¿Usted sabía que Dios lo ama y le quiere dar una vida abundante y eterna?

¿Cómo puedo saber que Dios me ama?

La Biblia dice:

> Porque de tal manera amó Dios al mundo, que ha dado a su Hijo unigénito, para que todo aquel que cree en él, no perezca, sino que tenga vida eterna (Juan 3:16).

Y Jesús dijo:

> ...yo he venido para que tengan vida, y para que la tengan en abundancia (Juan 10:10b).

¿Por qué la mayoría de las personas no experimenta ese amor y esa vida abundantes?

La raza humana está separada de Dios porque el hombre es pecador y merece la muerte eterna.

> ...pero vuestras iniquidades han hecho separación entre vosotros y vuestro Dios, y vuestros pecados han hecho ocultar de vosotros su rostro para no escucharos (Isaías 59:2).

> ...la paga del pecado es muerte (Romanos 6:23).

¿Cuál es la solución?

Ya que es imposible que nos libremos del pecado por nuestro propio esfuerzo, Jesús vino al mundo para pagar por nosotros. La sangre que Cristo derramó en la cruz fue el precio que pago por nuestros pecados. Ahora podemos acercarnos a Dios por medio de Cristo, pues con Su muerte y resurrección Él derrumbó la barrera del pecado.

> ...Cristo murió por nuestros pecados... y que resucitó al tercer día... (1 Corintios 15:3-4).

> Jesús le dijo: "Yo soy el camino, y la verdad, y la vida; nadie viene al Padre, sino por medio de mí" (Juan 14:6).

¿Qué tengo que hacer?

La salvación es un regalo y los regalos no se pagan. ¡Los regalos se reciben!

La Biblia dice:

> Porque por gracia habéis sido salvados por medio de la fe; y esto no proviene de vosotros, pues es don de Dios; no por obras, para que nadie se gloríe (Efesios 2:8-9).

Reciba al Señor Jesucristo mediante el arrepentimiento y la fe. Es decir, reconozca que es pecador y está separado de Dios, y admita que necesita la ayuda de Dios para resolver el problema de su pecado. Confíe en Jesús como su Salvador personal, expresando que depende de Él para el perdón de los pecados.

¿Cuándo podré recibir la salvación?

¡Ya!

> He aquí ahora el tiempo favorable; he aquí ahora el día de salvación (2 Corintios 6:2b).

Una oración sugerida:

Señor Jesús, gracias porque me amas a pesar de que soy un pecador. Ahora creo que moriste por mí y que resucitaste de los muertos. Perdona, por favor, mis pecados. Yo confío en ti como mi Salvador y Señor. Gracias por la nueva vida que me diste. Ayúdame a dejar mis pecados y a vivir para Ti.

Ahora, después de recibir a Cristo, ¿cuál es la promesa de Dios para mí?

El que tiene al Hijo, tiene la vida; el que no tiene al Hijo de Dios no tiene la vida. Estas cosas os he escrito a vosotros que creéis en el nombre del Hijo de Dios, para que sepáis que tenéis vida eterna, y para que sigáis creyendo en el nombre del Hijo de Dios (1 Juan 5:12-13.).

De acuerdo con la Biblia, usted recibió la vida eterna en el momento que recibió a Cristo como su Salvador personal. No confíe en sus emociones, porque ellas cambian. Cuando tenga dudas, lea nuevamente los textos bíblicos de este final del libro. Usted puede decir con confianza: "Recibí a Cristo como mi Salvador personal. Basado en la autoridad de la Palabra de Dios, ahora tengo la vida eterna".

¿De dónde viene la seguridad de mi salvación?

¡Sí!	¡No!
	EMOCIONES PASAJERAS

OTROS TÍTULOS DE LA COLECCIÓN
101 IDEAS CREATIVAS